PHIL BOSMANS

Vergiss nicht
zu leben

PHIL BOSMANS

Vergiss nicht zu leben

Gespräche zum Menschsein
mit Katarzyna Szymańska-Borginon

HERDER

FREIBURG · BASEL · WIEN

INHALT

Inhalt

«LIEBEN SIE MICH, PATER BOSMANS?»
Katarzyna Szymańska-Borginon

Was mache ich hier? Eine absurde Situation. Was soll ich mit Phil Bosmans besprechen? Mein Kopf ist leer. Es ist schon 15 Uhr, und ich wagte noch nicht, auf den Klingelknopf an der Tür zu drücken. Warum habe ich dieses Gespräch verabredet? Ich bin politische Journalistin, und nach diesem Interview hat keine Redakion gefragt. Ich befasse mich eigentlich nicht mit solchen Sachen, nicht mit dem Thema «Gott». In der Europäischen Union kenne ich mich aus, habe auch ein Buch mit viel Faktenmaterial über den Beitritt Polens in die EU geschrieben. Sollte ich mich nicht weiterhin an nachprüfbare, unanfechtbare Tatsachen halten? Doch seit einiger Zeit ist mein journalistisches Tagespensum mit Pressekonferenzen, Recherchen bei den EU-Politikern, Pressemitteilungen, Berichten, Artikeln aus den Fugen geraten. Alles wurde auf den Kopf gestellt. Unerwartet hat sich Gott in mein Leben eingeschlichen.
Ich habe versucht, ihm zu entkommen, und bin zu einem Psychiater gegangen. Hing mein Stresszustand vielleicht mit einem Zuviel oder Zuwenig bestimmter Hormone zusammen? Da sagte mir der Psychiater, man könne nicht alles mit Biologie erklären, er glaube an eine Wirklichkeit «da draußen». Das war der Anfang meiner Kapitulation.
  In dieser Zeit lieh mir eine Freundin das Buch «Worte zum Menschsein» von Phil Bosmans. Da las ich zum Beispiel: «Ich habe Gott in den Gesichtern der Menschen gesehen», und «Der Mensch braucht Liebe, um Mensch zu sein». Die Liebe – das ist so einfach und gleichzeitig

6

Mit Katarzyna Szymańska-Borginon.
Sie arbeitet als Journalistin in Brüssel. Aus ihren vielen
Gesprächen mit Phil Bosmans ist dieses Buch entstanden.

schwierig. Ich habe verstanden und doch nicht verstanden. Ich fühlte aber, dass ich nahe dran bin. Ich wollte diesen Menschen einfach treffen, vielleicht wäre das die Antwort auf meine Fragen. So habe ich mir die Telefonnummer von Phil Bosmans herausgesucht und mich für ein Interview mit ihm verabredet.

Ich nahm also allen Mut zusammen und klingelte. Eine Frau öffnete und ging, um dem Pater zu sagen, dass ich da sei. An der Treppe sah ich einen Treppenlift montiert, eine Art Fahrstuhl, mit dem ein Gehbehinderter im Sitzen ins nächste Stockwerk gelangen kann. Ich ging die Treppe hinauf und erlebte eine Überraschung. Dort oben stand er bereits, ein wenig an die Wand gelehnt; mir wurde bewusst, dass er nach einem Schlaganfall rechtsseitig gelähmt ist. Er hatte schon auf mich gewartet. Diese Mühe, er hatte sie sich für mich gemacht! Ich habe ihm die Hand gegeben und ihn auf beide Wangen geküsst. Wir sind dann über den Flur in ein karges, büroartiges Zimmer gegangen. Bei diesem ersten Interview, Anfang März 2004, war wahrscheinlich ich es, die am meisten geredet hat. In den nächsten Monaten haben wir uns dann ziemlich regelmäßig getroffen, immer montags um 15 Uhr. Manchmal war er allein im Kloster, dann hat er mir vom Fenster des ersten Stocks den Schlüssel heruntergeworfen, damit ich ins Haus kommen konnte.

Wir haben über die Liebe gesprochen, immer über die Liebe, aber jedes Mal von einer anderen Seite. «Lieben Sie mich, Pater Bosmans?», habe ich am Anfang ein bisschen provozierend gefragt. So etwas brauchte ich später nicht mehr zu fragen. Da hat es mich nicht mehr gewundert, dass sich eine junge Frau mit einem über achtzigjährigen alten Mann anfreunden kann. Pater Bosmans hat mehr Lebensfreude, Humor und innere Ruhe als viele andere Menschen, die noch nicht einmal halb so alt sind wie er. Er war dann auch einer der ersten, die erfuhren, dass ich ein Kind erwartete. Ich weiß, dass er in diesem meinem Anliegen gebetet hat. Als sich dann die beiden – mein Ehemann Steven, der Multiple Sklerose hat, und Pater Bosmans – in ihren Rollstühlen trafen, haben beide über ihre Behinderung gelacht, als ob das Grund zu besonderer Freude wäre. «Manches sieht aus wie eine Katastrophe und ist doch ein Segen.»

Pater Bosmans, durch den Schlaganfall halb gelähmt und auch durch sein Alter deutlich eingeschränkt, strahlt Liebe aus, gratis. Ich konnte dieses Geschenk nicht für mich behalten. So beschloss ich, unsere Gespräche festzuhalten und in Buchform zu veröffentlichen, zuerst für die polnischen Leserinnen und Leser und mit dieser Ausgabe auch für die deutschen.

Phil Bosmans in seinem Arbeitszimmer.
Jeder Mensch ist ihm willkommen.

1 ÜBER DIE LIEBE

Katarzyna Szymańska-Borginon: Wie kann man glücklich sein? Es gibt doch so viel Böses, so viel Leid in dieser Welt.

Phil Bosmans: Wenn man sein Leben akzeptiert, ist das schon ein guter Anfang. Viele Menschen sind mit sich selber nicht zufrieden, kämpfen mit ihrem eigenen Ich ... Man sollte vom Leben nicht mehr verlangen, als es geben kann. Oft träumen die Menschen zu viel und sind unglücklich, weil ihre Erwartungen einfach nicht erfüllt werden können. Ich glaube an Gott und lege alles in seine Hände, mein ganzes Leben, meine ganze Zukunft. In seinen Armen fühle ich mich geborgen, zu Hause. Morgen zum Beispiel mache ich einen Besuch in zwei Kliniken: in der einen liegt mein Bruder, in der anderen meine Schwester.

Sie sind selber krank, behindert, und akzeptieren das so einfach?

Ich bin natürlich nicht zufrieden, dass ich zum Invaliden wurde. Es ist sehr schwer für mich, dass ich mit meiner rechten Hand nicht schreiben kann, weil meine ganze rechte Körperhälfte gelähmt ist. Aber wenn ich mir vor Augen halte, wie schwer das ist, dann geht es eher. Die schönen, guten Dinge akzeptieren wir leichter.

Natürlich. Aber das Böse, das Traurige akzeptieren wir nicht. Es ist schwer zu verstehen, warum Gott das alles überhaupt geschehen lässt.

Über die Liebe

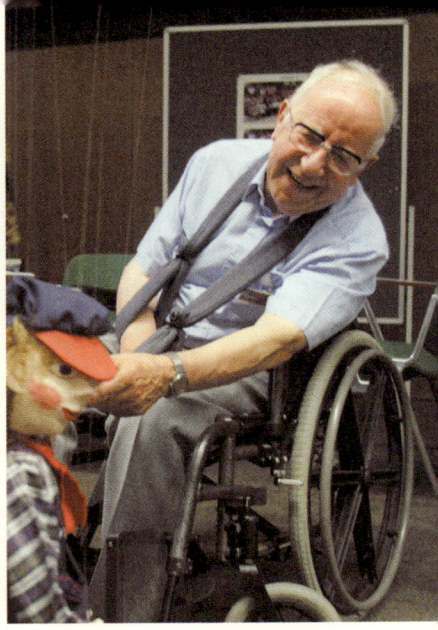

Als Jugendlicher ein begeisterter Motorradfahrer.
Nach einem Schlaganfall im Rollstuhl und dennoch nicht unglücklich.
Hier im spielerischen Gespräch mit Kasperle.

Ich bin überzeugt: Gott will, dass der Mensch glücklich ist. Als ich im Krankenhaus lag, kamen die Menschen zu mir und sagten: «Warum hat es ausgerechnet Sie getroffen, Sie haben doch so viel Gutes für die Menschen getan. Soll das Gottes Belohnung sein?» Ich antwortete immer: «Warum denn nicht ich? Warum andere und nicht ich? Ich bin doch nicht besser als die anderen.» Am gleichen Tag hat ein guter Bekannter ebenso wie ich einen Schlaganfall bekommen. Jetzt kann er nicht mehr sprechen, ich kann es noch.

Sie sehen alles optimistisch ...

Weil man immer versuchen soll, die gute, helle Seite des Leben zu finden. Man muss sich viel Mühe geben. Ein Beispiel: Eines Tages kam Samba aus Afrika nach Antwerpen.

Phil Bosmans spricht mit Samba, dem «Illegalen», den er aus dem Gefängnis geholt hat.

Ich habe ihm geholfen, hier zu bleiben, obwohl man ihn abschieben wollte. Ich habe ihn untergebracht. Zum Minister habe ich gesagt, er kann mich abschieben oder ins Gefängnis stecken, weil ich weiß, wo er ist, es aber nicht verrate. Schließlich hat Samba Papiere bekommen, hat geheiratet und ist zurück in seine Heimat gegangen. Dort hat er eine Werkstatt aufgemacht und damit auch Arbeitsplätze für junge Leute geschaffen. Doch die Werkstatt wurde bei einem Brand zerstört … Eine traurige Geschichte. Mich bedrückt der Schmerz der Menschen.

Wie soll man den Tod eines Kindes akzeptieren? Ich habe mit dem Vater der achtjährigen Julia gesprochen, die von Marc Dutroux 1996 ermordet wurde. Auch nach so vielen Jahren sah er erschöpft aus, am Ende seiner Kräfte.

Er hat sein Kind verloren. Wenn man weggeben muss, was man liebt, das ist furchtbar schwer. Man stellt sich die Frage: «Warum?» Der Mensch ist voller Empörung. Man kann es eigentlich nur akzeptieren, wenn man einen star-

Über die Liebe

Am Gitter des Gefängnisses («jail») von Montreal/Kanada.
Phil Bosmans' Maxime: Die Menschen lieben, wie sie sind.
Es gibt keine anderen.

ken Glauben besitzt, und auch dann braucht es viel Zeit.
Das Böse kann man nicht akzeptieren. Aber man darf es
auch nicht Gott in die Schuhe schieben.

Über die Liebe

Sie lieben alle Menschen, alle ohne Ausnahme?

Ja, auch diejenigen, die nicht tun, was ich für richtig halte. Als ich 1959 die Werkstätten für ehemalige Strafgefangene gründete, haben mich viele von ihnen enttäuscht. Sie haben mich bestohlen, haben zerstört, was wir versuchten aufzubauen. Sie sind dann wieder im Gefängnis gelandet. Manche kamen später wieder zu uns. Aber ich habe sie alle geliebt. Ich wusste, dass es für sie sehr schwer ist, zu lieben, weil sie nie kennengelernt haben, was Liebe ist.

Lieben Sie also auch Marc Dutroux, den Kinderschänder, den Kindermörder?

Jedenfalls würde ich ihm nie das Gefühl vermitteln, dass ich ihn verachte. Obwohl das sehr schwierig ist.

Um zu lieben, muss man selber geliebt sein?

Ein Bekannter von mir, der lange im Gefängnis war, machte sich nach seiner Freilassung auf die Suche nach seiner Mutter, zu der er seit Jahren keinerlei Kontakt mehr hatte; einen Vater hatte er nicht mehr. Er hat lange gesucht und sie schließlich auch gefunden. Sie wohnte in einer sehr schönen Villa, vor dem Haus stand ein großes Auto. Er fasste Mut und klingelte. Sie öffnete die Tür, er stellte sich vor, sagte, dass er ihr Sohn sei. Da schrie sie ihn an: «Hau ab, du Verbrecher, sonst rufe ich die Polizei.» Darauf kam er zu mir und gestand: «Alles in mir brach zusammen. Am liebsten hätte ich sie umgebracht. Aber ich war wie gelähmt.» Wir wissen so wenig vom Leid des anderen … Dazu muss man wissen, was Liebe ist. Wenn ein Mensch schon als Kind nie

Liebe erfahren hat, wenn er nicht an Liebe glaubt, wie soll er dann lieben können?

Menschen jedoch verlieben sich immer wieder ...

Sie verlieben sich, aber es ist nicht immer alles wirklich Liebe. Verliebtsein vergeht, später zählt nur die Liebe. Wenn sich jemand verliebt, spielen so viele Gefühle mit. Sie zeigen das Gegenüber im schönsten Licht. Verliebte sind ähnlich wie Blinde. Auch die Liebe ist gewissermaßen blind, sie sieht immer das Gute, das Schöne. Aber nach dem Verliebtsein kommt die Zeit der Entscheidung, weil wir anfangen, auch Mängel und Fehler zu sehen. Die sehen Verliebte am Anfang nicht, sie spüren nur die Kraft, die sie zueinander treibt und zusammenhält. Ich habe Menschen kennengelernt, die wirklich lieben. Die Frau eines Freundes von mir war an Multipler Sklerose erkrankt. Es wurde so schlimm, dass sie in ein Pflegeheim musste. Tagsüber ging er arbeiten, aber dann hat er sie jeden Abend besucht, jahrelang. Das ist ein Beispiel für wahre Liebe. Mit solcher Liebe vollbringen wir Dinge, die wir sonst nie gemacht hätten, weil wir dazu keine Kraft gehabt hätten.

Kommt die Liebe von Gott, jede Art der Liebe?

Gott ist Liebe. Wahre Liebe kommt von Gott. Auch die Liebe der Nichtgläubigen. Ich habe viele solche Freunde. Sie befinden sich im Magnetfeld des Gottes, an den ich glaube. Es sind sehr gute, liebenswerte Menschen, aber sie sagen, an Gott könnten sie nicht glauben. Ich antworte dann immer: Ihr seid so gute Menschen, bleibt so gut, denn auch euer Gutsein kommt von Gott.

Waren Sie schon mal in eine Frau verliebt, Pater Bosmans?

Natürlich, viele Male! Das schadet doch nichts, das ist doch nichts Böses. Ich habe es aber keiner gesagt …

Warum?

Um keine Schwierigkeiten zu machen. Ich wollte nicht, dass sie sich an mich binden. Ich wollte nicht, dass sie darunter leiden. Das war vor allem in der Zeit nach dem Krieg, als ich im Bergwerk arbeitete, ich wollte unbedingt Arbeiterpriester werden, aber meine Vorgesetzten waren dagegen.

Sie waren ein Revolutionär?

Das sagte man damals über mich. Jetzt bin ich alt. Im Alter relativiert sich vieles; wenn man jung ist, ist man radikal, nimmt man alles absolut. Mit der Zeit sieht man besser den wahren Wert der Dinge.

Wie ist es also mit der Liebe zu den Frauen?

Als ich in Frankreich lebte, habe ich mich verliebt. Sie hieß Reine und war Französin. Nun lebt sie seit vielen Jahren nicht mehr. Sie war jung, und sie ist auch sehr jung gestorben. Bis heute weiß ich, wo sie gewohnt hat. Diese Liebe stammte auch von Gott. Ich musste mich jedoch entscheiden. Es war, alles in allem, sehr gut. So konnte ich auch andere Menschen besser verstehen. Ich war näher an den Menschen, das wollte ich schon immer. Deswegen bin ich auch in die Gefängnisse gegangen. Dort sind die Menschen, denen im Leben nichts gelungen ist. Mit ihnen habe ich viele Stunden geredet. Oft verurteilen die Menschen andere nur, weil sie nichts von ihnen wissen ...

Freundschaften knüpfen.
Phil Bosmans in Polen mit einer Verlagsleiterin und ihren Mitarbeiterinnen,
die seine Bücher auf Polnisch verlegen und verbreiten.

Sie verurteilen die Menschen nicht?

Nein, ich akzeptiere sie. Ich bin überzeugt, dass man die Menschen so lieben muss, wie sie sind. Weil es keine anderen gibt.

Und mich, «lieben» Sie mich auch? Obwohl ich nur eine Journalistin bin, die gekommen ist, um Ihnen Fragen zu stellen, und obwohl wir uns erst seit ein paar Stunden kennen?

Auch unsere Begegnung ist eine neue Erfahrung, ein neues Abenteuer mit dem Menschen. Weil ich liebe, bin ich nie einsam, obwohl ich oft ganz allein im Haus bin. Deswegen muss ich manchmal den Haustürschlüssel aus dem Fenster jemandem zuwerfen, der mich besuchen möchte, weil ich im ersten Stock wohne, und die Bewegung fällt mir schwer. Ich habe aber keine Angst vor der Einsamkeit. Ich habe mich daran gewöhnt. Ab und zu lädt mich jemand ein. Morgen werde ich zum Abendessen bei Greet sein …

Wer ist Greet?

Greet wohnt in Onze Lieve Vrouw-Waver. Sie besucht mich regelmäßig. Wir haben uns vor zwei, drei Jahren auf der Buchmesse kennengelernt. Sie kannte alle meine Bücher, das habe ich aber damals nicht gewusst. Sie ist so ein optimistischer Mensch, sie lacht so gern, obwohl sie kein leichtes Leben hat. Ihr Mann hat sie verlassen, er ließ sie mit zwei Kindern allein sitzen. Es klingt komisch, aber sie mag es, wenn ich Kraftausdrücke gebrauche … Einmal hat mich ein Journalist vom holländischen Fernsehen gefragt, wie ich mit meiner Behinderung zurechtkomme. Ich gab zur Antwort: Ich akzeptiere sie, aber ich schimpfe viel mehr als früher. Das ist auch ein Gebet, entstanden aus meiner Hilflosigkeit. Die einfachsten Verrichtungen gelingen mir nicht mehr wie früher, denn ich kann ja nur noch eine Hand bewegen. Oft fällt mir etwas herunter, es geht kaputt. Dann

Über die Liebe

schimpfe ich, aus meiner Machtlosigkeit. Nachdem ich das im Fernsehen erzählt hatte, kam in unser Haus für Obdachlose in Antwerpen eine Frau. Noch in der Tür hat sie schon gelacht: «Ich bin so froh, dass Pater Bosmans auch schimpfen kann.»

Was für Ausdrücke sind das?

Verdammt, Mist, Sch ... Wenn ich so etwas sage, schaut Greet mich vorwurfsvoll an und lacht dabei ... Sie hatte eine schwere Krankheit. Jetzt ist es wieder besser geworden, sie kann wieder arbeiten. Eine andere Freundin ist Margareta. Sie ruft oft an und fragt, wie es mir geht. Sie schickt mir öfter Grußkarten, hat mich paar Mal besucht. Sie wohnt in der Provinz Limburg, wo ich auch herstamme; ihr Mann ist ein Unternehmer.
Liebe hängt nicht in der Luft. Sie ist sehr konkret. Meine Liebe ist ganz ohne Hintergedanken. Ich musste diesen Menschen auch nie sagen, dass ich sie liebe. Sie wissen das. Sie fühlen das. Das reicht. Man muss nicht alles in Worte fassen. Manchmal beschwören Menschen lauthals ihre Liebe, und dann vergessen und verlassen sie, dann betrügen sie.

2 ÜBER DEN GLAUBEN

Gestern war der 56. Jahrestag Ihrer Priesterweihe.

Danke, dass du angerufen hast. Manchmal vergesse ich meine eigenen Gedenktage. Ich habe auch einen Gruß via Internet von Barbara bekommen. Ich hatte aber Probleme, ihr auf die Mail zu antworten. Der Computer ist eine gute Sache – wenn er auf die Menschen hört und macht, was sie möchten.

Bedeutet das, dass Sie sich vor 56 Jahren in Gott verliebt haben?

Oh, das ist eine lange Liebesgeschichte. Zuerst habe ich mich in Menschen verliebt, die ganz arm dran waren. In der Nähe unserer Wohnung gab es ein Krankenhaus. Als ich noch sehr jung war, besuchte ich dort Männer, die einen schweren Unfall im Bergwerk gehabt hatten. Ich kannte sie durch meine Brüder, die auch dort arbeiteten. Das war noch während des Krieges. Es ist schwer zu sagen, wie es zu meiner Berufung kam. Aber irgendwie wollte ich mein ganzes Leben den Armen widmen. Das war tatsächlich so, als ob ich mich verliebt hätte … Wenn ich mit den Armen zusammen war, fühlte ich mich wohl. Später bin ich wiederholt nach Paris gefahren. Dort kannte ich einen Priester, der mit Arbeitern zusammen lebte und arbeitete. Mich faszinierten die Arbeiterpriester.
Auch später, im «Bund ohne Namen», habe ich mich wohlgefühlt. Deswegen denke ich, dass die Armen die Engel sind, die unter uns wohnen. Oft sind das sehr schwierige

Engel. Wer behauptet, er liebe die Armen, muss das unter Beweis stellen und zum Beispiel mit ihnen wohnen. Ich habe das jahrelang gemacht, eine Zeit lang auch in einer Baracke. Ich habe den Arbeitern keine Predigt gehalten, obwohl sie wollten, dass ich für sie die Messe halte. Ich habe das nicht gemacht, weil sie nicht an Gott glaubten. Schließlich kamen sie von allein auf mich zu und fragten: «Warum machst du das?» Darum ging es mir, dass sie von sich aus Fragen an mich stellen. Gott habe ich also durch die Menschen erfahren.

Die Eltern von Phil Bosmans im Hochzeitsstaat. Die bäuerlichen Wurzeln der Familie haben ihn zeitlebens geprägt. Hier wurde seine Liebe zu den Menschen und zu Gott grundgelegt.

Phil (mit Kopfbedeckung), seine beiden jüngeren Brüder, seine ältere Schwester und rechts die Mutter. Als der Bauernhof die Familie nicht mehr ernähren konnte, haben Vater und Brüder im Kohlenbergbau gearbeitet.

Hat Ihre Familie auf dem Weg zu Gott eine Rolle gespielt?

Ich verdanke meiner Familie viel. Während des Krieges hat meine Mutter oft an die Ärmeren Brot, Fleisch und Gemüse verteilt. Sie sagte, sie macht das, damit wir später nie kennenlernen, was Hunger bedeutet ... Sie war sehr gläubig, ähnlich wie meine ganze Familie. Mein Bruder war Messdiener. Ich dagegen habe das nie gemacht. Aber schließlich bin ich Priester geworden, und er hat geheiratet. Bei uns zu Hause habe ich gelernt, wie schwierig es ist zu lieben. Relativ früh habe ich entdeckt, dass «lieben» nicht «besitzen» bedeutet, lieben heißt «viel von jemandem halten», ihn gern haben, aber nicht ihn «festhalten» *(niederländisch: «houden van», nicht «vasthouden»)*. Lieben, ohne den anderen für sich behalten zu wollen. So wurden wir zu Hause geliebt. Wir haben auch viel gelacht, meine Mutter hatte viel Sinn für Humor. Glauben habe ich nicht von einem Bischof und auch nicht von Theologen gelernt, sondern von meinen Eltern, von meiner Mutter und von meinen Vater. Für sie war Glauben etwas Selbstverständliches. Das war kein Diskussionsthema. Das ist auch für mich keine Sache, um darüber zu diskutieren.

Der Glaube – kein Diskussionsstoff?

Ich habe viele nichtgläubige Freunde, aber ich diskutiere mit ihnen nie über das Thema Gott. Glaube hängt nicht am Verstand. Ich denke, dass auch Theologen nicht auf dem richtigen Weg sind, wenn sie versuchen, alle möglichen Theorien aufzustellen. Die Frage nach Gott lässt sich nicht mit Vernunft allein beantworten, weil unser Verstand einfach zu

Über den Glauben

Als neugeweihter Priester. Eine Tante hatte dem begabten Jungen den Besuch des Gymnasiums und des Internats des Ordens der Monfortaner ermöglicht, in den er dann selbst eintritt.

Der junge Pater wird von seinem Orden in der Volksmission eingesetzt, einer Form von Seelsorge, wie sie damals üblich war. Das Foto zeigt ihn im Vordergrund, wie er zu den Menschen spricht und mit ihnen betet.

begrenzt ist. Der Gott, den ich liebe und an den ich glaube, ist größer. Er ist unfassbar. Darüber habe ich in meinem Buch «Gott – nicht zu glauben» geschrieben (auf deutsch jetzt unter dem Titel: «Gott – meine Oase»). Gott ist fantastisch und unglaublich. Im Wort «unglaublich» klingen zwei Bedeutungen mit: wunderbar und unbegreiflich.

Auf welche Weise haben Sie Gottes Gegenwart erfahren?

Diese Erfahrung machte ich erst, als ich in großen Schwierigkeiten war. Ich war in Brüssel, erschöpft, am Ende, mir stand alles bis obenhin. Ich ging in eine Kirche, war aber nicht fähig, irgendwie zu beten. Ich saß einfach da, lange Zeit. Schließlich ging ich wieder. Beim Verlassen der Kirche lese ich am Eingang eine Inschrift: «Nicht ihr habt mich erwählt, ich habe euch erwählt.» Dieses Wort traf mich im Innersten. Ein wunderbares Erlebnis, so etwas wie eine Erleuchtung. Ich sagte: «Gott, wenn du mich ausgesucht hast, dann heißt das: Du akzeptierst mich, du nimmst mich, so wie ich bin.» Ich ging dann noch mal zurück in die Kirche, und diesmal konnte ich beten, ganz intensiv.

War das ein Zeichen von Gott?

Findest du nicht, wie merkwürdig das ist, zuerst in der Kirche zu sein, kaputt und ausgebrannt, dann aus der Kirche herauszugehen und auf solch eine Inschrift zu stoßen? Warum ausgerechnet dieser Text an diesem Ort zu diesem Zeitpunkt? Ich habe auch andere solche Augenblicke erlebt. Im Juli 1954 wurde ich krank, das war auch so ein außergewöhnliches Zeichen. Ich lag zwei Jahre im Bett. Meine Ordensoberen haben den Arzt gefragt: «Wird noch was aus ihm?» Der Arzt sagte: «Nein.» Ich war zusammengebrochen, mit zweiunddreißig Jahren ein Wrack, ich war sehr müde. Dazu trugen auch irgendwelche gefährlichen Infektionen bei.

In welchem Sinne «sehr müde»?

Wortwörtlich. Das war Anfang der fünfziger Jahre, nach meiner Rückkehr aus dem Praktikum in Frankreich. Der Bischof von Lüttich hatte damals unseren Orden zur Volksmission, zu einer Art Marienfahrt gebeten. Dabei wurde eine Muttergottes-Figur von einer Pfarrgemeinde zur anderen gebracht. Das ging monatelang. In dieser Zeit habe ich den ganzen Tag gearbeitet. Morgens Gottesdienst, dann bei Kindern in der Schule, Besuch bei Kranken und alten Leuten, viele Gespräche, abends Prozessionen, Beichthören, Andachten, Ansprachen. Es war wie ein Feuer, das sich von einer Pfarrei zur anderen ausbreitete. Ich war damals jung und dachte, dass ich alles kann, dass ich alles schaffen würde. Ich habe sehr wenig geschlafen, jedes Mal woanders. Ich machte keine Ferien. Ich hatte niemanden, der mich ablöste, weil ich mit dem Auto unterwegs war, und damals konnten nur wenige Priester Auto fahren. Auf dem Auto war eine Lautsprecheranlage angebracht, durch die ich zu den Menschen im Freien sprach. Sogar ein Missionar, der aus China kam, war begeistert: Was wir machten, sei unglaublich. Und dann passierte es: Eines Tages, als ich in Horpmaal, einem Dorf im Haspengau, war, brach ich zusammen, wurde im Pfarrhaus ins Bett gebracht, und da blieb ich dann zwei volle Jahre.

Und wie kam es zur Heilung?

Der Pfarrer, der mich in sein Pfarrhaus aufgenommen hatte, war ein sehr guter Mensch, genauso wie seine Haushälterin, Leontine. Sie war gelernte Krankenschwester und hat mich die ganze Zeit gepflegt. Sie hat viel für mich gebetet, dass ich wieder gesund werde. So hielt sie auch eine Novene, das heißt neun Tage hintereinander bestimmte Gebete, zum Bruder Isidor. Ich hatte keine Ahnung, wer dieser Isidor war. Eines Tages brachte mir Leontine ein Glas Wasser. Auf dem Boden schwamm etwas Schwarzes. Ich wollte das nicht trinken und fragte, was das sei. Leontine sagte: Erde aus dem Grab von Isidor. Für sie war das eine Reliquie. Was sollte ich tun? Ich habe nur getrunken, um sie nicht zu verletzen. Bald darauf wurde ich ins Kloster nach

Bei der aufreibenden Tätigkeit als Volksmissionar verausgabt er sich bis zur Erschöpfung.

1954 erleidet er einen völligen Zusammenbruch, ist zwei Jahre schwer krank und bettlägerig. Es besteht so gut wie keine Hoffnung auf Genesung. Liebevolle Aufnahme findet er in einem Pfarrhaus. Der Pfarrhaushälterin Leontine gelingt es, ihn gesund zu pflegen. Ihr bewahrt er lebenslange Dankbarkeit.

Rotselaar gebracht. Auch hier wurde mein Blut wie jeden Monat untersucht. Aber diesmal war das Ergebnis deutlich besser. Der Arzt war so überrascht, dass er zunächst dachte, da seien Blutproben vertauscht worden. Er rief im Kloster an und meinte, ich könnte wieder die Messe feiern. Ich war so glücklich! Am nächsten Tag habe ich also zusammen mit einem Freund die Messe gefeiert, zwar auf einem Stuhl sitzend, aber immerhin. Nach dem Gottesdienst nahm ich die örtliche Zeitung zur Hand. In Horpmaal hatte ich immer die Zeitung «Belang von Limburg» gelesen. Die Zeitung hier war «Het Volk». Und was sah ich

Über den Glauben

da? Einen Artikel über diesen Bruder Isidor, anlässlich seines 75. Geburtstags. Da erfuhr ich, dass er ein einfacher Ordensmann war, der sich um die Armen gekümmert hat und noch in jungen Jahren während des Ersten Weltkrieges gestorben ist. Ich finde, das ist wirklich außergewöhnlich, dass ich nicht nur an seinem 75. Geburtstag wieder die Messe feiern konnte, sondern dass er mich auch noch darüber informiert hat. Wäre ich noch in Horpmaal gewesen, hätte ich eine andere Zeitung gelesen und es nie erfahren.

Wie soll man solche Zeichen deuten? Woher weiß ich, dass mir Gott jetzt durch sie etwas sagen möchte?

In solchen Augenblicken fragt der Mensch nicht: «Warum?» Man sucht keine rationalen Erklärungen. Das Verständnis kommt von alleine, so deutet man bestimmte Worte oder Ereignisse. Man sollte einfach mit diesen Zeichen leben. Das ist so, als ob speziell für dich ein Alphabet entworfen worden wäre. Ich habe oft darum gebetet, wieder die Messe zelebrieren zu können. Und plötzlich war es möglich, und zwar am Geburtstag des Bruders Isidor, der auch viele Jahre nach seinem Tod noch von den Menschen seiner Heimat verehrt wird. Ich behaupte nicht, das sei ein Wunder gewesen, aber es ist sehr ungewöhnlich, dass es ausgerechnet auf diese Art und Weise geschah.

Bekommt jeder Mensch Zeichen von Gott?

Gott schickt Zeichen. Doch nicht alle können sie entziffern, nicht alle verstehen sie. Die Menschen sagen oft: Das ist Zufall oder Schicksal. Ich behaupte, dass Gott inkognito kommt. Es gibt keine Zufälle. Wenn du dich von Gott führen lässt, wenn du sagen kannst: «Gott, mach mit mir, was du willst, auch wenn es mir nicht gefallen sollte», dann öffnest du dich für seine Gegenwart. Wenn du dich Gott vollkommen anvertraust, setzt du nicht nur auf deine eigenen Kräfte, sondern fängst an, ihm dankbar zu sein, weil er dich beschützt hat, weil er dich geführt hat. Dann bist du glücklich. Das ist eine andere Dimension. Die Welt wird wertvoller. Es gibt Dinge wie diesen Tisch hier, materielle Dinge – man kann sie anfassen, in die Hand nehmen. Aber es gibt auch noch anderes zwischen Himmel und Erde … Man muss sein eigenes Leben wahrnehmen und deuten können. Es gibt Menschen, die nie über ihr eigenes Leben nachdenken und nicht wissen, was wichtig ist. Sie können den Weg nicht sehen, der für sie bestimmt ist … Später bedauern sie das manchmal. Dann sagen sie: Wenn ich das gehört, wenn ich das gewusst hätte, hätte ich es anders machen können, hätte ich ein anderes Leben gelebt … Gott liebt die Menschen. Er will ihnen helfen, darum schickt er Zeichen, aber die meisten wollen keine Hilfe annehmen, und dann können sie auch diese Zeichen nicht deuten.

Aber solche Zeichen können uns auch Angst machen, denn sie können auch bedeuten, dass uns Gott vielleicht ganz woanders hinführen will.

Ja, manchmal ist es wirklich so. Diese Aufforderungen von Gott tun oft weh. Eines Abends, es war schon sehr spät und ich war sehr müde, lag ich im Bett. Da ging das Telefon. Eine Frau rief mich in Panik an und sagte, ihr Mann hätte sich mit einem Verehrer von ihr geschlagen, es sei viel

Blut geflossen. Dieser sei gegangen, aber nur, um eine Waffe zu holen, und er hätte gedroht, wenn er zurückkäme, würde er alle umbringen. Was macht man in solch einem Augenblick? Du kannst natürlich im Bett bleiben und denken, irgendwie wird es sich klären. Oder du kannst aufstehen, dich mit kaltem Wasser erfrischen, ins Auto steigen und hinfahren. Genau das habe ich gemacht. In dem Haus war die Glastür zerschlagen, dann sah ich eine Blutlache. Ich habe versucht, das Ehepaar zu beruhigen, aber sie waren vor Angst wie gelähmt. Dann erschien der andere Mann tatsächlich auf der Straße. Die beiden im Haus haben das Licht ausgemacht, die Tür verbarrikadiert. Sie hatten Angst, dass der Mann, wie angedroht, anfangen würde zu schießen. Ich hatte keine Wahl. Ich ging auf die Straße. Ich weiß nicht, woher ich so viel Mut hatte. Ich habe den Mann angesprochen: «Warum machen Sie das?» Er griff in die Tasche. Ich dachte, das sei mein Ende. Aber er zieht einen Brief heraus und gibt ihn mir. Er hätte darin geschrieben, dass er die beiden nie mehr belästigen würde, dass er sich entschuldigen möchte und um Verzeihung bittet. Eigentlich wollte er diesen Brief in den Briefkasten werfen, aber als er mein Auto sah, sei er erschrocken. Das ist ein Augenblick, wo du denkst, es hat sich gelohnt, aus dem Bett aufzustehen.

Sie haben eine besondere Begabung, Ärmere zu verteidigen.

Jedenfalls habe ich mal ein paar Judostunden genommen … Aber ich hatte nie Gelegenheit, solche Fähigkeiten praktisch anzuwenden. Ich liebe die Menschen und besonders die, mit denen die meisten nichts zu tun haben wollen, vor denen sie sich fürchten oder ekeln. In jedem Menschen steckt etwas von einem Engel und etwas von einem Teufel. Jeder kann sich bekehren. Maßgebend war für mich die Maxime des Evangeliums: «Was du dem Geringsten getan hast, das hast du mir getan.» Das hat Jesus gesagt. Ich habe oft an diese Worte gedacht.

Wie kann man Gott lieben, der nicht zu sehen, nicht anzufassen ist?

Hast du das noch nicht verstanden? Ich bemühe mich schon seit einigen Minuten, darauf zu antworten. Vielleicht gelingt mir das nicht so gut. Vielleicht denkst du, ich würde über eine Liebe zu Gott sprechen, die nur etwas für besonders fromme Leute ist. Wir lieben Gott, wenn wir die Menschen lieben, vor allem die Schwächsten, die Geringsten, weil wir das Gute lieben, das in ihnen steckt. Wenn du die Menschen nicht magst, wirst du nie imstande sein, Gott zu lieben. So steht es in der Bibel, Johannes hat das aufgeschrieben.

Oft, wenn ich in die Kirche gehe, kann ich dort nicht beten.

Suche Gott nicht nur in der Kirche. Früher, als ich viel in Südamerika unterwegs war, hat man mir Kathedralen gezeigt, mich oft in Kirchen geführt. Ich wollte aber lieber in die Gefängnisse gehen. Wenn du anderen die Wärme deiner Liebe zu spüren gibst, wenn sie sich bei dir wie zu Hause fühlen können, wenn es ihnen bei dir gut geht, dann ist das auch ein Gebet.
Heutzutage dreht sich bei vielen Menschen alles um materielle Dinge. Dieser Materialismus durchdringt ihr ganzes

Über den Glauben

Denken. Sie haben schöne Häuser, sie können sich viele Dinge leisten, so leben sie von einem Tag zum anderen und denken über nichts nach. Nur wenn sie krank werden oder wenn ein Unglück passiert, dann sind sie hilflos. Manche bitten dann vielleicht einen Priester oder einen gläubigen Menschen um ein Gebet. Selber beten sie nicht; sie wollen, dass andere für sie beten.

Vielleicht können sie nicht beten. Kann man das lernen? Pater Bosmans, können Sie mir sagen, wie man beten soll?

Du kannst zu Gott mit deinen eigenen Worten reden, du kannst aber auch gar nichts sagen.

Gar nichts sagen?

Nicht die Worte machen das Gebet aus, sondern die Hingabe. Man muss alles Gott überlassen, alles in seine Hände legen. Am Morgen können wir ihm zum Beispiel danken, dass wir immer noch da sind, dass ein neuer Tag beginnt, der neue Erfahrungen mit sich bringt. Und am Abend können wir uns bei ihm bedanken, dass der Tag für uns gut war.

Und wenn er das nicht war?

Dann sag Gott das. Sag ihm, was dich freut, und auch, was dich ärgert. Mach dir das klar, denke über dich nach. Du kannst mit ihm sogar streiten. Jeder hat seine eigene Art des Gesprächs mit Gott. Diese tiefste Weise zu beten lässt sich nicht im Handumdrehen lernen. Man muss seinen eigenen Weg finden. Einmal abends, nach einem ganzen Tag voller Arbeit, habe ich mich in einen Sessel gesetzt, um Brevier zu beten, das ist das Buch mit dem Stundengebet der Priester. Morgens wurde ich wach, da saß ich noch im gleichen Sessel, auf den Knien lag das Brevier. Das war doch kein schlechtes Gebet. Vielleicht sogar besser als manch andere.

Aber wie beten Sie?

Ich stehe früh am Morgen auf und sage: «Gott, ich danke dir, dass ich immer noch hier bin. Ich danke dir, dass ich aufstehen kann, ich danke dir für diesen Tag. Ich akzeptiere alles, was von dir kommt. Ich danke dir sogar für die Krankheit, obwohl ich sie manchmal verfluche. Ich überlasse mich dir, ich übergebe dir auch meine Schwächen.» Selbstverständlich feiere ich jeden Tag die heilige Messe, auch wenn ich das nicht mehr allein kann, weil meine Hand gelähmt ist.

Haben Sie das Gefühl, dass Gott Sie hört? Man kann doch beten und um etwas bitten, aber Gott erhört es nicht …

Gott erhört immer. Aber der Glaube an ihn ist keine Magie. Nichts geschieht wie mit einem Zauberstab, Gott ist kein Deus ex machina, einer, der plötzlich eingreift, und im Handumdrehen ist alles gut. Mach alles, so gut du kannst. Gott weiß deine Mühe zu schätzen. Nach einiger Zeit wirst du einsehen, dass manche Dinge gerade so von Gott gefügt wurden, wie sie gekommen sind, und das ist manchmal ganz anders, als wir es wollten. Wenn ich auf meine Vergangenheit zurückblicke, kann ich nur sagen, dass er gute Arbeit geleistet hat. Oft wusste ich nicht, wie ich etwas machen soll. Er wusste es besser als ich. Der Mensch ändert sich beim Beten und merkt das nicht ein-

Über den Glauben

mal. Wenn man betet, kann man auch die Welt verändern. Man darf keine Wunder erwarten, aber die Atmosphäre, die Einstellung, die Mentalität der Menschen verändert sich. Wer wirklich betet, wird feinfühliger, milder, nicht so gewalttätig. Wer nicht betet und nicht an Gott glaubt, glaubt im Grunde nicht an die Liebe. Und dann kommt Gewalt in unsere Welt. Die Gewalt ist ja nicht nur das Blutvergießen, sondern auch jedes verlogene, zynische, kalte Wort, das andere Menschen verletzt. Davon lese ich jeden Tag in der Zeitung. Es gibt so viel Gewalt, so viele gequälte, misshandelte Menschen, so viel Hunger ... Wenn die Menschen doch nur daran glauben würden, dass wir alle Schwestern und Brüder sind, weil wir alle Kinder Gottes sind! Durch Gebet und durch Liebe kann das Dunkel in der heutigen Welt heller gemacht werden.

Kann man auch ohne die Kirche glauben?

Jesus Christus ist größer als die Kirche. Ich denke, dass es einen Gott gibt, aber verschiedene Wege zu ihm. Solche verschiedenen Wege sind meiner Meinung nach zum Beispiel auch die protestantischen oder die orthodoxen Kirchen, der Islam, die fernöstlichen Religionen und selbst die sogenannten Naturreligionen. Die christliche Kirche aber gibt es, weil Christus in die Welt kam und sie gegründet hat.

Als Sie sich entschieden haben, Priester zu werden, hatten Sie da keine Angst, dass Gott von Ihnen zu viel verlangt?

Ja, ich hatte Angst. Der Mensch muss vor Gott kapitulieren. Der Mensch fragt: Was wird mit mir passieren, werde

Beim Goldenen Priesterjubiläum am 7. März 1998 in der Pfarrkirche der Monfortaner in Kontich, in der Nähe von Antwerpen. Das zugehörige Pfarrhaus ist seit 1950 sein Zuhause.

ich das schaffen? Ich glaube aber, wenn man etwas Gutes für die Menschen tut, kann man durchhalten. Wir hatten hier in Belgien wie auch in anderen Ländern eine Phase, in der viele Priester ihr Amt aufgaben und ihre Gemeinden verließen. Ich kannte manche Pfarrer, die aufgegeben hatten; als sie aber anfingen, den Ärmsten zu helfen, kehrten sie zu Gott zurück.

In Ihrer Jugend galt es als eine Ehre, eine Auszeichnung, Priester zu sein …

Ja, viele wollten gerne Priester werden, um einen besseren sozialen Stand zu haben. Für mich spielte das aber gar keine Rolle. Jedes Mal, wenn ich in den Ferien vom Seminar nach Hause kam, hat mein Vater gesagt: «Du kannst

Über den Glauben

Priesterweihe am 7. März 1948, Zug der Weihekandidaten zur Kirche.
Für Pater Bosmans mit das wichtigste Datum seines Lebens.
Der Weg in die Kirche hat ihn nie vom Weg zu den Menschen getrennt.

hier bleiben, du musst dein Studium nicht fortsetzen.» Das war wichtig, denn es gab auch Eltern, die ihre Söhne in den geistlichen Beruf drängten.

Heute gibt es im säkularisierten Belgien kaum noch Priester. Wenn sich einer für diesen Weg entscheidet, trifft er auf Unverständnis oder wird sogar lächerlich gemacht.

Es wäre übertrieben, dass es bei uns gar keine Priester mehr gäbe. Es gibt schon noch ein paar (manche fahren sogar nach Holland, um auszuhelfen, weil es dort noch weniger gibt). Aber es stimmt: Es gibt heute zu wenig Berufungen. Früher, als ich anfing, gab es zu viele. Vor allem aber fühlen sich heute nicht die Besten zu diesem Weg berufen. Doch die gegenwärtige Situation hat auch ihre guten Seiten. Der Pfarrer ist näher an den Menschen, er bleibt ein normaler Mensch. Er kann nicht abheben. Er muss durch die Kraft seines Glaubens, durch seine Arbeit, seine Fähigkeiten überzeugen, nur so kann er sich Autorität verschaffen. Trotzdem ist es traurig, dass es so wenige Berufungen gibt. Mein Mitbruder hier im Haus hat demnächst zwei große Gemeinden, und ich kann ihm nicht helfen. Wegen meiner gelähmten rechten Seite kann ich nicht einmal Kommunion austeilen.

Sie haben in einem Ihrer Bücher geschrieben: «Priester wird man jeden Tag.» Wie meinen Sie das?

Es ist wie in der Ehe. Jeden Tag muss man Ehefrau oder Ehemann sein. Jeden Tag kann es neue Situationen geben, für die man offen sein muss. Manchmal gibt es schwierige Tage, so wie in der Ehe: wenn der Glaube schwankend wird, wenn man Zweifel bekommt, ob man den richtigen Weg gewählt hat. Auch ich hatte solche Momente. Da habe ich mich gefragt: «Was mache ich da eigentlich, bin ich vielleicht verrückt?» Jeder hat solche Momente. In den Anfangsjahren, als ich die Betreuten Werkstätten für ehemalige Strafgefangene organisierte, kam ein befreundeter Priester zu mir, er hatte keine Kraft mehr. Wir gingen zu meinem Auto, um in Ruhe reden zu können. Er sagte zu mir: «Die Leute denken: Ich bin verrückt.» Ich antwortete: «Das stimmt, das ist so. Wir müssen akzeptieren, dass Menschen so über uns reden. Wir sind doch ein wenig verrückt, verrückt aus Liebe. Damit müssen wir leben, weiterleben.» Er hat dann wieder Mut gefasst.

*Beim Gottesdienst an seinem 80. Geburtstag beim Begegnungstreffen des
deutschen Bundes ohne Namen. «Lieber Gott, alles hast du mir gegeben.
Gib mir noch eins, ein dankbares Herz.»*

3 ÜBER DIE ARBEIT

Pater Bosmans, Sie haben mir etwas verheimlicht ...

Unmöglich. Ich gebe mir alle Mühe, ehrlich zu sein ...

Als Sie mir von Leontine erzählten, wie sie gebetet und Bruder Isidor um Hilfe angerufen hat, dass Sie wieder gesund werden, da haben Sie mir nicht gesagt, dass Sie fast vierzig Jahre später zu Leontine gezogen sind, als sie ihrerseits schwer krank war. Das habe ich durch Zufall erfahren.

Das war Weihnachten 1992. Ich hörte, dass Leontine an einem Hirntumor erkrankt sei. Sie wollte nicht ins Krankenhaus, aber ich habe sie dann doch dorthin gebracht. Der Arzt sagte, ihr würden nur noch ein paar Monate zum Leben bleiben. Da habe ich vorübergehend das Kloster verlassen und bin zu ihr gezogen, um mich besser um sie kümmern zu können. Leontine wollte das nicht. Sie sagte: «Sie haben doch keine Zeit, Pater.» Ich aber war entschieden: «Ich werde bei Ihnen im Haus wohnen, und Sie werden nicht alleine sein.»
Anfangs wollte ich auch Mittagessen kochen. Sie kannte sich in der Küche bestens aus, und nach meinen ersten Versuchen sagte sie: «Daraus wird nichts.» Ich habe dann den Chef eines Restaurants, den ich gut kannte, gefragt, ob man bei ihm das Mittagessen bestellen kann. Seit dieser Zeit wurde uns jeden Tag ein anderes Essen zu Mittag geliefert.

Haben Sie damals Ihre Arbeit aufgegeben?

Ich kann nicht sagen, dass ich alles aufgegeben hätte, weil ich abends noch Vorträge gehalten habe. Aber danach kehrte ich immer wieder in ihr Haus zurück. Später, als sie pflegebedürftig wurde, kamen noch zwei Krankenschwestern, am Schluss zwei- oder dreimal am Tag. Das Leben mit Leontine war nicht einfach, sie war eine sehr energische Frau ... Aber sie hatte auch ein sehr gutes Herz. Als sie sich immer schwächer fühlte, wollte sie mich überreden, dass ich sie mit den Pflegekräften allein lasse: «Sie können unmöglich hier bleiben, sie haben doch so viele Aufgaben», sagte sie. Warum bin ich geblieben? Weil ich immer behauptet habe: Gott ist gut, wenn die Menschen gut sind. Wenn die Menschen nicht gut sind, dann können sie nicht sagen, Gott sei gut. Es geht nicht nur um Worte, zu den Worten müssen Taten kommen. Sonst bedeuten alle schönen Beteuerungen gar nichts. Ich sagte mir: Du musst jetzt einlösen, was du so viele Jahre hindurch gesagt hast. Das war nicht einfach. Ich bin dann bei Leontine bis zu ihrem Tod geblieben. Sie starb im August 1993, 72 Jahre alt.

Und Sie haben dann diesen Einsatz mit Ihrer Gesundheit bezahlt?

Als ich wieder im Kloster war, stürzte ich mich in die Arbeit. Ich hatte viel nachzuholen. Auf mich warteten Kisten mit Briefen, die beantwortet werden mussten. Ich arbeitete also und arbeitete. Wie jedes Jahr habe ich noch ein Schiff auf der Schelde für ein Weihnachtsfest mit Armen und Obdachlosen organisiert. Aber am 18. Dezember 1993 hatte ich einen schweren Autounfall. Augenzeugen wunderten sich, dass ich überhaupt überlebte. Ich fuhr auf der Autobahn, plötzlich wurde mir sehr schlecht. Die Fahrer hinter mir merkten, dass irgendwas nicht stimmte, weil ich im Zickzack fuhr. Sie blinkten mit der Lichthupe. Ich fuhr gegen die Leitplanke auf der linken Seite, das Auto überschlug sich. Totalschaden, aber mir selbst war nichts passiert. Das heißt, so dachte ich. Viel später hieß es, das seien die ersten Anzeichen eines Schlaganfalls gewesen. Ich aber dachte, ich könnte so weiterarbeiten wie früher. Zwei Monate später, am 10 Februar 1994, wurde ich nachts ins Krankenhaus gebracht: Schlaganfall. Da blieb ich drei Monate. Vor einiger Zeit habe ich das zehnjährige Jubiläum gefeiert …

Kann man denn den Jahrestag seiner Krankheit feiern?

Ja, weil es etwas Besonderes ist. Was am Anfang wie ein Fluch aussieht, stellt sich später als ein Segen heraus. Man fängt an, darin einen Sinn zu finden. Wenn man keinen Sinn mehr sehen kann, ist man traurig, niedergeschlagen, mehr tot als lebendig. Dabei konnte ich doch noch viel machen. Jahrelang bin ich noch mit einem speziell ausgerüsteten Auto selbst gefahren. Ich habe zum Beispiel Simonne in die Klinik zur Bestrahlung gefahren, weil sie Krebs hatte. Ich habe noch manche Vortragsveranstaltungen gemacht, auch in Deutschland. Doch jetzt geht das nicht mehr, die Kräfte lassen nach, und die Behinderung durch die Lähmung nimmt zu.

Ist Arbeit etwas Gutes oder etwas Schlechtes?

Für mich besteht kein Zweifel, dass Arbeit etwas Gutes ist. Durch die Arbeit kann sich der Mensch verwirklichen, sich

Ein Bild aus der Kriegszeit:
Die angehenden Ordensgeistlichen beim Ernteeinsatz auf einem
Bauernhof. In der vorderen Reihe, mit schräg sitzender Kopfbedeckung
und trotz aller Anstrengung fröhlich: Phil Bosmans.

besser kennenlernen, seine Fähigkeiten, aber auch seine
Grenzen. Der Apostel Paulus sagt: «Wer nicht arbeiten
will, soll auch nicht essen.» Arbeit an sich ist gut, aber
Menschen können durch ein Zuviel oder auch ein Zuwenig ungerecht behandelt werden. Als ich noch ein junger
Mann war, wollte ich erfahren, wie das ist: arbeiten. Ich
ging in ein Bergwerk. Dazu muss man wissen, dass es in
meiner Heimat fünfzehn Kohlegruben gab. Fast alle aus
meiner Familie haben dort gearbeitet. Ich war auch unter
Tage, bevor ich Priester wurde … Ich arbeitete zusammen
mit den Hauern, eine sehr schwere Arbeit. So lernte ich am
eigenen Leibe die Lebens- und Arbeitsbedingungen der
Menschen kennen und auch die Solidarität der Arbeiter
untereinander.

Über die Arbeit

Am Eingang einer Baracke für Grubenarbeiter, die hier als Strandgut der Nachkriegsgeschichte Unterkunft gefunden haben und deren Leben er teilt. Den Weg zu ihnen fand Phil Bosmans durch französische Arbeiterpriester, ihr Ideal hat ihn begeistert.

Sie denken mit einer gewissen Sehnsucht an die Arbeiterpriester ...

In meiner Jugend träumte ich davon, Arbeiterpriester zu werden. 1948–49 hatte ich in Paris wunderbare Arbeiterpriester kennengelernt. Wie sie wollte ich den Arbeitern so nah wie möglich sein und meine Priesterberufung mit dem Beruf als Arbeiter verbinden. Aber meine Ordensoberen waren damit nicht einverstanden. Nach meiner Rückkehr in die flämische Heimat habe ich noch eine Zeit lang mit einem Arbeiterpriester in einer Baracke gewohnt. Eines Tages fand ich in der Nähe auf einer Anhöhe ein Kreuz mit dem Text: «Jesus wird begraben.» Schlagartig wurde mir bewusst: Für die Menschen in diesem entchristlichen

Milieu gehört Gott zu den Toten, für sie existiert er nicht mehr. Für mich aber existiert er, lebt er wirklich und in Wahrheit. Das war eine Herausforderung für mich. Ich spürte, dass ich diesen hart arbeitenden, oft nichtgläubigen Menschen Gott nahebringen soll. Hinterher habe ich natürlich gemerkt, dass dieses Kreuz Teil eines Kreuzweges war, die letzte Kreuzwegstation: «Jesus wird begraben.» Dennoch ist es für mich ein Symbol geblieben, ein Wahrzeichen.

Warum hat sich die Kirche von den Arbeiterpriestern distanziert?

Weil sie meinte, dass der Platz des Priesters die Pfarrgemeinde ist und nicht die Fabrik. Viele Arbeiterpriester haben auch das Priesteramt aufgegeben, weil sie nicht in der Lage waren, die schwere körperliche Arbeit mit der priesterlichen Berufung zu vereinbaren. Ich kann mich daran erinnern, wie einer in einem Gespräch zugegeben hat, dass er meistens nicht mehr zum Beten kommt, er sei einfach zu müde. Das war für ihn das Schlimmste, denn was ist schon ein Priester wert, der nicht betet.

Die Arbeit kann also Gott verdrängen. Das geht nicht nur Priestern so. Diese Gefahr kenne ich aus eigener Erfahrung. Man kann so wahnsinnig viel arbeiten, dass man einfach vergisst zu leben …

Dieses Risiko besteht für jeden von uns. Man muss anhalten können. Jeder sollte ein wenig Zeit für sich selbst finden. Wir brauchen ein wenig Ruhe, um unseren Glauben zu erleben. In lauter Hektik begegnen wir Gott nicht.

Im Evangelium gibt es ein Beispiel: Marta, die Jesus bedient, und Maria, die ihm zuhört. Welche Einstellung ist Ihnen näher?

Von Maria aus gesehen, denke ich, dass sie recht hat. Am besten ist es, beide Haltungen zu verbinden. Man muss Marta und Maria sein.

Ist Faulenzen eine Sünde?

Warum denn gleich Sünde? Ich würde vielen Politikern raten, statt nachts zu diskutieren und vor den Fernsehkameras allen zu zeigen, wie gut sie reden können, sollten sie sich lieber mal auf eine Wiese legen, ein Grashalm im Mund, in den Himmel schauen und nichts tun. Manch einem würde es gut tun, auf solche Weise durch Faulenzen zu «sündigen». Aber Politiker geben da manchmal ein schlechtes Beispiel. Sie wollen zeigen, was für Übermenschen sie sind.

Arbeit spielt in der heutigen Welt eine ganz wichtige Rolle. Man denke nur an das große Problem der Arbeitslosigkeit. Wissen wir die Arbeit heute besser zu schätzen?

Heute gibt es vielleicht weniger Ausbeutung als früher, zumindest in Europa. Aber das Bewusstsein, dass die Arbeit nicht nur wichtig ist zum Geldverdienen, sondern auch für die menschlichen Beziehungen, scheint mehr und mehr verloren zu gehen. Das sieht man zum Beispiel daran, dass es bei uns an Krankenschwestern fehlt. Dieser Beruf hat seine Attraktivität verloren, er wurde abgewertet. Das

*«Was ist ein Priester wert,
der nicht betet?»*

zeigt, dass sich die Menschen nicht mehr für andere anstrengen wollen. Aber durch die Arbeit entstehen doch auch Beziehungen der Menschen untereinander, so etwas wie Gemeinschaft. Und wichtig ist auch, dass der Mensch den Sinn seiner Arbeit sehen kann. Das alles ist freilich sehr schwierig, wenn man allein am Fließband steht und unter Zeitdruck nur irgendwelche Einzelteile zusammensetzen muss. Jeder sollte seine Arbeit gern tun, dann wird sie einfacher. Wenn man gezwungen ist, etwas zu machen, was man überhaupt nicht mag, dann wirkt sich das auf das Ergebnis der Arbeit aus. Arbeit sollte befriedigen, ja glücklich machen, aber das ist nur möglich, wenn der Mensch sie bejaht, wenn er ihren Sinn erkennen kann, wenn er sieht, wie seine vielleicht ungeliebte Arbeit zum eigenen Wohl und zum Wohl anderer beiträgt.

Über die Arbeit

Das freundschaftliche Zusammensein mit Menschen ist ein Grundzug seines Lebens. Dazu gehört auch das gemeinsame Essen. Hier bei einer Spezialität seiner Heimat: Muscheln.

Bei der Arbeit gibt es aber oft Konkurrenz. Ein Mitbewerber wird schnell zum Gegner, der mir im Wege steht. Eine schwierige Situation. Wie soll ich mich meinen Konkurrenten gegenüber verhalten?

Sieh ihn nicht als Feind an, sondern denke an sein Wohl, wünsche auch ihm Gutes …

Damit erreiche ich aber nicht viel, werde überholt und komme im Beruf nicht weiter.

Das höre ich immer wieder: «Man muss sich durchboxen, für die eigenen Interessen kämpfen, nicht nachgeben.» Aber wer sagt das? Leute, die mit allen Mitteln nach Macht streben. Liegt dir viel an ihrer Meinung? Musst du für die eigene Karriere die eines anderen zerstören? Mach deine Arbeit, so gut du nur irgend kannst. Behandle deine Konkurrenten so, dass du jederzeit imstande bist, dich mit ihnen an einen Tisch zu setzen und gemeinsam zu essen. Du bist nicht schwach, wenn du das Böse mit Liebe bekämpfst, wenn du Ungerechtigkeit, Lüge, Korruption beim Namen nennst. Besonders als Journalistin. Aber es wird kein Kampf mit Gewalt sein, sondern mit Güte und Liebe.

Für ein solches Leben, glaube ich, wäre es besser, in die Berge zu gehen und Schafe zu züchten ...

Das Umdenken beginnt immer bei uns selbst. Schiebe nicht die Schuld auf andere. Was die Berge und die Schafe betrifft, das mag für einige eine gute Lösung sein, aber sicherlich nicht für alle. Jeder muss seinen eigenen Weg finden. Ich habe reiche Leute gekannt, die von heute auf morgen alles zurückgelassen haben und sich, wie du sagst, in die Berge zurückgezogen haben. Im Südfrankreich lernte ich so einen Mann kennen, der angefangen hatte, Schafe zu züchten und in der Natur zu leben.
Immer nur arbeiten und immer noch mehr Geld verdienen, das bringt am Ende gar nichts. Hier in der Nähe gibt es eine Autowerkstatt. Der Besitzer fing ganz einfach an, in einem alten Schuppen. Jetzt ist er reich. Eines Tages kam ich bei ihm vorbei. Ich gratulierte ihm zu seiner modernen Werkstatt, zu seiner großen Leistung. Er antwortete: «Ich habe jetzt zwar viel Geld, aber ich habe kein Leben.»
Auch ich habe manchmal davon geträumt, in einem Campingwagen herumzuziehen, von einem Leben wie die

Zigeuner. Ich war auch oft bei ihnen, hier in der Gegend, weil sie überall abgelehnt wurden und nirgendwo einen Standplatz fanden. Jedenfalls ist «Schafe züchten» kein Weg für jedermann. Lass Gott in dir wohnen, lass ihn dein Leben leiten, lass ihn wirken. Er wird dich führen.

Jetzt hat er mich zu Ihnen geführt ...

Ja, es gibt solche Begegnungen, und ich glaube, dass Gott das organisiert. Als ich jung war, bin ich Pater Willy Loop begegnet, er hat mein Leben tief beeinflusst und mir sehr geholfen. Bleibe Journalistin, wenn du es willst. Ich wurde Priester, weil ich es gewollt habe.

Über die Arbeit

4 ÜBER DAS LEBENSWERK

Warum hat der «Bund ohne Namen» keinen Namen?

Weil ich ihm keinen Namen gegeben habe.

Aber im Ernst …

Ich wollte, dass er für alle da ist, unabhängig von politischen Parteien und auch von der Kirche. Ich wollte, dass man uns weder mit Politikern von links oder rechts in Verbindung bringt, noch mit anderen Institutionen, weltanschaulichen oder religiösen Bewegungen. Der «Bund ohne Namen» ist da, wo Menschen sind, vor allem Menschen, die Hilfe brauchen. Es geht um eine neue Lebenseinstellung, eine neue Kultur, die Kultur des Herzens. Der Bund hat keinen Namen, keine Mitgliedsausweise, keine Mitgliedsbeiträge, keine Satzungen, keine Sitzungen. Der Bund ist eine Bewegung, offen für alle. Der Bund lebt zum Beispiel in dem jungen Mädchen, das einen komplizierten Beinbruch hatte und auf den Gips den Spruch vom Bund ohne Namen schrieb: «Wenn etwas schiefgeht, mach daraus kein Drama.»
Dass der Bund keinen Namen hat, soll den Zugang leichter machen. Eines Tages war ich in Antwerpen in unserem Büro, draußen herrschte ein Unwetter. Ich aber musste zu einem Vortrag aufbrechen. Da kam ein Mann, der mich unbedingt sprechen wollte. Die Helferinnen im Büro wollten ihn nicht zu mir lassen, weil ich jetzt keine Zeit mehr hätte. Da meinte ich, das würde ich ihm persönlich sagen. So kam er zu mir herein und legte ein Bündel mit Geld-

scheinen auf den Tisch. Als Dank wollte ich ihm ein Buch von mir mit einer Widmung schenken und fragte für die Widmung nach seinem Namen. «Mein Name?», wunderte er sich. «Hier ist doch alles ohne Namen!» Er nahm das Buch und verschwand.

Eine Organisation ohne Mitgliedsbeiträge, ohne Satzung, nur mit Idealismus und Begeisterung, die ist doch schnell am Ende ...

1959 habe ich mit dem Bund ohne Namen in Belgien ange-fangen, und er existiert immer noch. In unseren besten Zei-ten hatten wir 300.000 Zugehörige. Heute sind es etwas weniger, aber nicht sehr viel. Der Bund entstand dann auch

In diese Welt gehört mehr Herz: das Grundanliegen des Bundes ohne Namen. Dafür hat man in Antwerpen auch mit Plakaten auf der Straße demonstriert. Sie zeigen die Symbolfigur des Bundes, einen Kobold, mit dem Slogan: «Unter meiner Jacke sitzt ein Herz.»

Über das Lebenswerk

1993, als Antwerpen Kulturhauptstadt Europas war, wurde der kleine Kobold als Bronzefigur im Stadtzentrum aufgestellt. Sie ist ein Sinnbild für das Lebenswerk von Phil Bosmans.

in einer Reihe anderer Länder, in Spanien, Venezuela, Chile, auf den Philippinen oder im Kongo. Nach Belgien arbeitet der Bund am intensivsten in Deutschland und in Kroatien. Ich muss aber dazu sagen, dass die Arbeit größtenteils auf ehrenamtlicher Basis durch Freiwillige geschieht und dass damit ein großes Risiko gegeben ist. Der Bund wird so lange existieren, wie es Menschen gibt, die sich für die Kultur des Herzens einsetzen wollen.

Was heißt: Kultur des Herzens? Geht es um einen Wohlfahrtsverband, eine Hilfsorganisation, oder was ist gemeint?

Kultur des Herzens ist die grundlegende Kultur des Menschen. Wer diese Kultur nicht besitzt, besitzt gar keine Kultur. Mir geht es um eine Veränderung in der Mentalität. Es geht darum, Menschen zu helfen, dass sie frei von unheilvollen Mächten werden, nicht länger besessen von der Gier nach Geld, von der Sucht des Egoismus, dass sie glücklicher werden. Kultur des Herzens ist eine innere, eine geistige Einstellung. Es geht darum, den anderen Menschen zu lieben, alle anderen. Man muss die Menschen lieben, weil sie leben. Solche Liebe ist uneigennützig. Oft heißt es: «Ich liebe andere Menschen, vorausgesetzt, sie sind so und so» oder «unter der Bedingung, dass sie dies oder jenes machen» oder «wenn sie nett, intelligent, sympathisch sind». Kultur des Herzens ist eine Liebe ohne Vorbedingungen. Man muss die Menschen so lieben, wie sie sind, denn andere gibt es nicht.

Hier in Belgien sagen alle, dass Phil Bosmans der Gründer vom Bund ohne Namen ist, dabei ist der Bund zuerst in den Niederlanden entstanden.

Das stimmt. Es war die Idee des holländischen Priesters Henri De Greeve. Er sprach in den dreißiger Jahren oft im Radio Hilversum. Am 2. April 1938 rief er bei seiner Ansprache im Rundfunk auf, eine Bewegung des Herzens, eine Vereinigung ohne Vereinsstruktur, einen Bund ohne Namen ins Leben zu rufen. Es war die Zeit, wo sich Katholiken und Protestanten in Holland noch sehr misstrauisch gegenüberstanden und sich bekämpften. Sein Vorschlag verstand sich als eine Friedensidee. So baute er diese Bewegung auf. Nach dem Krieg ließen seine Kräfte immer mehr nach, er übergab die Leitung des Bundes an meinen wunderbaren Lehrer und Freund, Pater Willy Loop. Dieser wollte mich schon Anfang der fünfziger Jahre dazu überre-

Die Anfänge des Bundes ohne Namen in Belgien.
Phil Bosmans spricht im Rundfunk.

den, solch einen Bund auch im flämischen Teil Belgiens zu gründen. Aber meine Vorgesetzten hatten andere Pläne mit mir. Ich wurde bei Volksmissionen eingesetzt, das war eine Initiative zur Stärkung des religiösen Lebens in den Gemeinden. Erst als ich krank wurde und die Ärzte meinten, mit mir sei nichts mehr anzufangen, ließen mir meine Ordensoberen freie Hand, es in Antwerpen mit einem flämischen Bund ohne Namen zu versuchen.

Das waren sicher keine leichten Anfänge.

Zuerst suchte auch ich Kontakt zum Rundfunk. Das war Anfang 1958. Ich bekam fünf Minuten vor den Hauptnachrichten. Ich habe aktuelle, alltägliche Probleme aufgegriffen, das, was den Menschen am Herzen liegt und zu einem glücklicheren Leben hilft. Ich habe ihnen auch ins Gewissen geredet. Zum Beispiel kritisierte ich einen Ärztestreik, denn ich war der Meinung, hier würde menschliche Not ausgenützt. Weil ich öfter über solche Sachen sprach, was natürlich nicht allen gefiel, hat die Rundfunkanstalt mit meinen Sendungen Schluss gemacht, vielleicht hat sie Angst bekommen, ich würde eine Revolution im Namen Jesu anzetteln ... Dann nahm ich den Aufbau des Bundes ohne Namen in Angriff. Ich hatte nichts, woran ich anknüpfen konnte. Man sagte mir, ich müsste Sponsoren und Helfer finden. Ich fuhr also von einer Pfarrei zur anderen und fragte jeweils den Pfarrer, ob er Leute kennen würde, die mir bei der Arbeit helfen könnten. Aber die waren alle schon mit anderen Dingen beschäftigt. Ich habe hundert Mal erklärt, was ich vorhabe, aber der Erfolg war gleich Null. Ich ging nach Hause und sagte mir: Wenn nicht, dann eben nicht.

Da kam mir eine Idee. Ich hatte mir immer die Adressen der Leute notiert, die für meine Arbeit ein paar belgische Francs gespendet haben. Nach einem Jahr hatte ich eine ganze Menge solcher Adressen zusammen. An alle schrieb ich einen Brief. Die Reaktion darauf war wunderbar, ich kann das bis heute nicht begreifen ... Der «Bund ohne Namen» ist dann offiziell im September 1959 gegründet worden.

Und auf welche Weise haben Sie durch den Bund ohne Namen eine Kultur des Herzens gefördert?

Ich habe einprägsame Spruchtexte geschrieben. Jeden Monat haben wir an unsere Mitglieder eine Karte mit solch einem Spruch und einem kurzen Kommentar dazu geschickt. Ich versuchte die Menschen auf Erfahrungen anzusprechen, die jeder kennt, und auf Konsequenzen hinzuweisen, die jedem einleuchten. Ein kleines Beispiel: Jeder

Seine Botschaft des Herzens verdichtet Phil Bosmans in originellen Spruchtexten. Das Foto entstand 1967 in Kanada, wo er über seine Arbeit spricht und Beispiele seiner Spruchkarten zeigt.

Mensch hat Schwächen und macht Fehler, das führte zu dem Spruch: «Kleine Liebe sieht überall große Fehler.» Es ging darum, das in überraschende Worte zu fassen, was das Leben herzlicher, liebevoller, menschlicher macht. Die innere Leere kommt daher, dass Menschen zu sehr auf das Materielle fixiert sind, auf das Geld und was man damit alles kaufen kann. Was Menschen aber am meisten brauchen, um glücklich zu sein, ist Zuneigung, Freundschaft, Geborgenheit, mit einem Wort: Liebe. Doch Liebe kann man nicht kaufen.

Die Spruchkarten vom Bund ohne Namen stießen auf überraschend große Resonanz. Man hat sie nicht nur zu Hause gelesen, sondern an Schaufenstern, Autoscheiben angebracht, in Büros aufgestellt, in Krankenhäusern ausgehängt. Manchmal wurden auch die schwachen Seiten der Menschen, möglichst humorvoll, aufgespießt. So lautete ein Spruch: «Bist du zu Hause auch so sympathisch?» Darauf bekam ich einen Brief von einem Mann. Er schrieb: «Sie kennen mich doch gar nicht, aber Sie haben bei mir ins Schwarze getroffen. Der Spruch geht mir nach, und ich versuche, mich zu ändern. Hätte das meine Frau gesagt, hätte es bei uns zu Hause großen Krach gegeben.»

Wie sind solche Spruchtexte entstanden?

Nicht auf Bestellung. Es ist nicht so, dass du dich an den Schreibtisch setzt und dir was einfallen lässt. Eine Voraussetzung ist, den Menschen intensiv zuzuhören. Dann merke ich, was sie interessiert und wie sie darüber reden. Durch die Spruchtexte wollte ich Lebensweisheit in kleinen Portionen bieten, Vitamine fürs Herz. Ein Leitwort, so etwas wie ein Programm, hieß: «Verbessere die Welt, fang bei dir selbst an.»

Über das Lebenswerk

Was bedeutet Ihnen das Wort?

Es ist für mich sehr wichtig. Aber das Wort hat heute viel von seinem Wert verloren. Es gibt zu viele Wörter. Wir werden damit überschwemmt. Es wird zu viel geredet und gedruckt. Und was noch schlimmer ist: Nicht nur die Luft, das Wasser, der Erdboden wird verschmutzt und vergiftet, sondern auch das Wort, durch ungerechte Behauptungen, gnadenlose Kritik, durch Lüge und Sensationslüsternheit. Viele Worte besagen nichts mehr, weil die innere Leere der Menschen auch das leer und nichtssagend gemacht hat, was sie von sich geben. Durch das Wunder der Sprache können sich Menschen untereinander verständigen. Aber mit leeren Worthülsen ist es sehr schwer, menschliche Kontakte herzustellen.

Und was noch wichtig ist: Das Wort wird erst glaubwürdig, wenn ihm die Tat entspricht. Was Menschen sagen, müssen sie durch ihr Tun, durch ihr Verhalten bewahrheiten. Oft bekam ich auf die Spruchtexte Reaktionen von Menschen, die dadurch tief angesprochen wurden, die neu nachgedacht haben, die wieder Lebensmut und Lebensfreude bekamen. Da spürte ich, dass ich auf diese Weise etwas verändern kann, dass ich so den Menschen Gott näherbringen kann. Ich ahnte etwas von der tiefsten Würde des Wortes: «Und das Wort war bei Gott, und Gott war das Wort.»

Dann war die Verbreitung Ihrer Texte auch so etwas wie eine moderne Evangelisierung...

Mir sagte mal ein befreundeter Pfarrer, meine Texte seien ein modernes Evangelium, geschrieben mit den Wörtern unserer

Zeit. Das war dann doch wohl etwas übertrieben … Aber sicher ist, dass die Texte so manche Predigt, so manche Religionsstunde inspiriert haben. Gerade weil sie so nah bei dem bleiben, was Menschen bewegt, und meist nur indirekt, ganz unaufdringlich die Botschaft des Evangeliums, die Botschaft der Liebe durchschimmern lassen.

Die Kultur des Herzens haben wir auch durch ein Informationsblatt verbreitet, das ich «K 13» genannt habe. Dieser Titel knüpfte an einen der schönsten Texte des Neuen Testaments an, an das berühmte «Hohelied des Liebe». Es steht im 13. Kapitel (daher K 13) des ersten Briefes des heiligen Paulus an die Korinther. In Deutschland benützt man diese Bezeichnung immer noch für ein kleines Informationsblatt, in Belgien hat man sie vor einiger Zeit geändert, hier heißt es jetzt nur noch «Info». Ich finde, das sagt niemandem etwas, aber meine Nachfolger hielten das für moderner. Der Titel «K 13» hat große symbolische Bedeutung. In dem besagten 13. Kapitel geht es ja um die Liebe. Ich bin überzeugt, dass im Leben alles, im Kleinen wie im Großen, um Liebe geht. Alles lässt sich mit ihr in Verbindung bringen. Würde sie von allen Menschen gelebt, dann wäre die Welt gerettet.

Und wie haben Sie, Pater Bosmans, das Wort in die Tat umgesetzt? Ihre Bücher sind weltbekannt, weniger bekannt ist das, was Sie konkret getan haben.

Ja, auf das konkrete Tun kommt es an. Ich habe immer gesagt, dass wir den Armen helfen müssen und nicht darauf warten sollen, dass es andere für uns tun. Der Bund ohne Namen hat sich der Menschen angenommen, denen keiner mehr helfen wollte. Unsere Tür war oft die

Über das Lebenswerk

letzte, an die sie geklopft haben. So habe ich angefangen, Gefängnisse zu besuchen. Ich habe mit den Inhaftierten gesprochen, sie haben nicht nur bei vielen Menschen an Achtung verloren, sondern oft halten auch sie selbst sich für nichts mehr wert. Wir haben für die Strafgefangenen eine Paketaktion zu Weihnachten organisiert. Weihnachten ist für sie eine schwere Zeit, oft die dunkelste Nacht des ganzen Jahres. Ich wollte ihnen etwas Hoffnung schenken. So haben wir Pakete mit Süßigkeiten und Zigaretten gepackt, später kam ein eigener Kalender vom Bund ohne Namen dazu.

Wenn sie entlassen wurden, standen sie vor riesengroßen, oft unlösbaren Problemen. Damals wurde das in der Öffentlichkeit noch gar nicht wahrgenommen. Es gab keine Starthilfe, keine Betreuung. Manche kamen dann zu uns, weil sie sich sagten: «Die haben im Gefängnis etwas für uns getan, vielleicht können die uns auch jetzt weiterhelfen.» Ein Hauptproblem war, Arbeit zu beschaffen. Kein Arbeitgeber wollte jemanden haben, dessen letzter Wohnsitz das Gefängnis war. Die Vergangenheit der entlassenen Strafgefangenen war wie ein Strick, der sich immer enger um ihren Hals schnürte. Darum gründete ich im September 1959 die erste Arbeitsstätte Belgiens für Ehemalige. Das war etwas ganz Neues, so etwas wie «beschützende Werkstätten» oder «betreutes Wohnen» gab es damals noch nicht. Es war für mich ein abenteuerliches Unternehmen und auch ein großes finanzielles Risiko. Mit vielen Schwierigkeiten fing es an. Zur Arbeit gehörte zum Beispiel das Verpacken oder Weiterverarbeiten von Plastikteilen. Allmählich bekamen wir Aufträge auch von größeren Firmen. So entstand im Laufe der Jahre ein Unternehmen, in dem heute etwa 80 Menschen arbeiten. Ludo, der heutige Leiter der Arbeitsstätten MIN (das ist die Abkürzung von «Menschen in Not») sagt, es sei in diesem Bereich die modernste Firma Belgiens.

Wir haben auch ein «Hotel MIN» gegründet für Gefangene, die nach der Entlassung nicht wussten, wohin. Hier sollten sie ein neues Zuhause finden. Zur Finanzierung des Baues wurde mir von den Behörden keinerlei Unterstützung zugesagt. Zur gleichen Zeit aber hat man ein Gesetz über finanzielle Hilfe für Behindertenwohnungen verabschiedet. Das habe ich gründlich studiert. Da gab es einen Paragraphen über den Grad der Behinderung und dass auch leicht Behinderte Anspruch auf Hilfe haben. Ich dachte mir, in diese Kategorie müssten nicht nur meine Gefangenen, sondern auch ich einzuordnen sein. So ging ich zum zuständigen Minister und erklärte ihm meine These, dass jeder von uns leicht behindert ist, er und ich, aber vor allem die, die aus dem Gefängnis kommen... Schließlich hat er nichts mehr gesagt und mir 60 Prozent Subventionen gegeben. Im März 1973 wurde das Hotel MIN eingeweiht.

Vor allem für Ex-Gefangene baut Phil Bosmans Einrichtungen für betreutes Wohnen und Arbeiten auf, «Hotel MIN» und «Werkhuis MIN» genannt. MIN heißt «Menschen in Not». Das Foto zeigt das Werkhuis.

Für Frauen in extremen Notsituationen richtet er ein Haus der Zuflucht ein. Auf dem Foto eine junge Mutter mit ihrem Kind im ersten Frauenhaus von Antwerpen. Später kam ein größerer Gebäudekomplex dazu, in dem etwa 100 Kinder mit ihren Müttern in Sicherheit vor häuslicher Gewalt und Misshandlung leben.

Sie haben auch Frauen geholfen ...

Das war noch vor dem Hotel MIN für Männer. Ich kaufte ein Haus für Frauen, die entweder aus dem Gefängnis kamen oder sich von der Prostitution lösen wollten. Für solche Frauen gab es damals noch keinerlei Einrichtungen. Bei diesem Unternehmen haben mir zwei Ordensfrauen geholfen. Eine kam aus der Mission in Zaire, die andere war leitende Schwester einer Antwerpener Klinik. Die beiden hatten alles vorbereitet. Da erkrankte die erste an Krebs und starb nach kurzer Zeit. Es war ein Schock für uns. Zu allem Unglück stürzt die zweite Schwester kurz vor der geplanten Eröffnung die Treppe herunter und erlitt dabei tödliche Verletzungen. Jetzt stand ich mit einem leeren Haus da. Ich hatte Angst. Ich dachte: Das ist das Ende, aus dem Vorhaben wird nichts mehr. Da hat mir die Oberin einer befreundeten Ordensgemeinschaft zwei andere Schwestern zur Verfügung gestellt, die voller Begeisterung die Aufgabe übernahmen. Mit ihrem Enthusiasmus haben sie Leben in das tote Haus gebracht. Manchmal hatten sie etwas andere Vorstellungen. So wollten sie den Bischof zur Eröffnung einladen. Mir waren aber die Angehörigen und Freundinnen der Frauen, die hier wohnen sollten, wichtiger, also ebenfalls Frauen aus der Prostitution und dem Gefängnis … Und so kam es im Januar 1966 zu einer ungewöhnlichen, ziemlich untypischen Eröffnungsfeier.

Das Haus bekam von mir den Namen «Haus Anne-Françoise», benannt nach einer Ordensschwester, die 1964 in Zaire von den Rebellen auf entsetzliche Weise ermordet wurde. Ihr habe ich das Haus anvertraut, denn ich bin überzeugt, dass solche Beziehungen stärker sind als der Tod.

Unser erster Gast war eine Kanadierin, die Polizei hatte sie zu uns gebracht, als das Haus noch nicht einmal offiziell eröffnet war. Sie wollte sich das Leben nehmen und von der Brücke in die Schelde springen. Sie war völlig erschöpft und durcheinander, sie hatte schon wochenlang auf der Straße gelebt. Die Schwestern haben sich um sie wie um ein Kind gekümmert. Nach zwei Tagen kam sie allmählich zu sich. Sie konnte gar nicht fassen, was mit ihr geschah: «Wie ist es nur möglich, dass Sie so gut zu mir sind, Sie kennen mich doch gar nicht.» – «Das macht die Liebe Gottes. Wir lieben ihn, und er liebt auch dich», antworteten die Schwestern. «Gott?», murmelte fragend die Kanadierin, das war für sie eine ganz alte Geschichte … Wir haben nie erfahren, warum sie nach Belgien kam. Wir sind ja keine Untersuchungsrichter. Nach ein paar Monaten erhielt sie ein Telegramm von ihrer Familie aus Montreal und ging nach Kanada zurück.

Gab es noch weitere Initiativen für Menschen in Not?

Je näher man dem Leben der Menschen kommt, desto mehr entdeckt man ihre Not. Da gab es zum Beispiel alte Leute, die in heruntergekommenen Wohnungen lebten. Sie hatten kein Geld, um Handwerker zu bezahlen, wenn etwas kaputt gegangen war. Sie waren zu schwach, um ihre Wohnung sauber und in Ordnung zu halten. Da haben wir einen kleinen Reparaturdienst organisiert, ein Team mit ein paar handwerklich begabten Männern. Sie haben unentgeltlich tropfende Wasserhähne repariert, Wände frisch gestrichen, bei einem Umzug geholfen oder auch nur aufgeräumt.
Eine ganz große Aktion war der Verkauf der Weihnachtskerzen vom Bund ohne Namen. Freunde des Bundes im ganzen Land haben bei sich zu Hause kleine Verkaufsstellen eingerichtet und ihre ganze Nachbarschaft motiviert. Dazu habe ich immer gesagt: Wenn du so eine Kerze anzündest, dann ist das so, als ob du einen Armen zu dir nach Hause einladen würdest. Es war eine Aktion mit großer Breitenwirkung. Ihr Erlös kam den Menschen in Not zugute, die in unseren Einrichtungen Zuflucht fanden.

Pater Bosmans, Sie nennen einen Mensch im Gefängnis, der ein Verbrecher begangen hat, und einen Armen, der in Not ist, im gleichen Atemzug. Manchmal habe ich den Eindruck, dass für Sie sogar das Böse in einem Menschen eine Art Gottesbeweis ist.

Ja, weil es in jedem Menschen auch das Gute gibt; er muss es nur aktivieren. Ich bin weder blind noch blauäugig. Ich weiß, dass die Menschen Böses tun können und dass sie es auch tatsächlich tun. Dennoch ist derjenige, der einem anderen etwas Schlimmes antut, in gewisser Weise auch selbst Opfer. Niemand ist immer so böse wie in jenem Augenblick, da er etwas Böses tut. Das gilt für alle Menschen. Ich habe sehr viele Menschen kennengelernt, ganz und gar böse waren die allerwenigsten. In jedem Menschen gibt es etwas Gutes. Und der Mensch will immer das Gute. Manchmal tut er Gutes und weiß es nicht, aber manchmal tut er auch Böses und denkt dabei, das wäre etwas Gutes. Es gibt Menschen, denen nichts gelingt. Sie schleppen tiefe menschliche Verletzungen mit sich, oft haben sie schon in der Kindheit keine Liebe erfahren. Ich weiß nicht, was aus dir geworden wäre, wenn dich deine Eltern nicht geliebt hätten. Ohne die Erfahrung von Liebe ist es schwierig, gut zu sein. Die Gefangenen, mit denen ich gesprochen habe, haben fast immer gesagt: «Man wollte mich nicht.» Das Böse kommt vor allem aus dem Mangel der Liebe. Für mich kommt es auch aus der Abwesenheit Gottes.

Eines Tages ist in das Haus, in dem ich wohne, ein Mann, ganz außer sich, hereingestürmt. Schon in der Tür rief er: «Aber Sie haben bestimmt auch keine Zeit für mich.» Ganz ruhig entgegnete ich: «Wieso? Ich habe doch noch kein Wort gesagt.» Da schrie er: «Ich bin ein Teufel. Ich habe Frauen und Kinder umgebracht …» Weinend erzählte er mir sein ganzes Leben, sprach von dem, was er in der Fremdenlegion gemacht hat. Jetzt würden ihn diese Frauen und Kinder nachts «besuchen», und er fände keinen Schlaf. Es brach aus ihm heraus: «Sag den Menschen, dass dein großer Chef wirklich existiert. Er existiert, weil er

mich quält! Diese Nächte, diese schrecklichen Erinnerungen, diese Schreie …»
Er hat mir Geschenke gegeben, obwohl ich das nicht wollte. Bis heute habe ich seine goldenen Manschettenknöpfe. «Nehmen Sie das, ich werde von der Brücke springen …» Er wollte sich umbringen. «Ich kann nicht mehr leben», sagte er. Als er mich verließ, war es spät in der Nacht. Ich wusste nicht, was er tun würde. Ein paar Tage später kam er wieder. Er fragte mich, ob ich immer noch so ruhig und freundlich sei. Die ganze Zeit sei er in der Stadt herumgeirrt. Nach Jahren kam er noch einmal. Bei ihm war eine Frau. Beide sind dann nach Deutschland gegangen. In seinem Leben ist offenbar doch noch ein Licht aufgegangen.

Woher aber kommt das Böse im Menschen? Glauben Sie, Pater Bosmans, an den Teufel?

Ich weiß nicht, ob der Teufel existiert. Möglich, wenn es doch das Böse gibt.

Sie schreiben praktisch nie über das Böse und über den Teufel. Warum?

Weil ich ihn nicht kenne.

Ist der Teufel nicht auch so etwas wie Gott?

Nein, mit Sicherheit nicht. Ich glaube, dass sich das Gute am Ende durchsetzen wird, obwohl das Böse oft so mächtig ist. Man braucht nur an die Terroranschläge zu denken. Unfassbar, diese Spirale der Gewalt! Jesus hat den Teufelskreis des Bösen durchbrochen, er hat nicht reagiert, als man ihn geschlagen hat, höchstens gefragt: «Was machst du?» Durch seinen Tod und seine Auferstehung hat sich die Welt verändert. Durch Vergebung – das ist das große Geheimnis des Christentums.

Es stimmt aber nicht, dass ich über das Böse nicht geschrieben hätte. Ich habe gesagt: «In der Natur wächst alles zum Licht. Nur der Mensch hat sich vom Licht abgewandt. Der Mensch, das einzige Wesen, das nach dem Bild eines Gottes geschaffen wurde, hat dieses Bild Gottes in sich selbst verdunkelt und ist in die Nacht eines Landes hineingegangen, in dem alle Lichter verlöschen. Nun irren die Menschen herum und finden keinen Ausweg mehr. Alles stirbt ab in toten Strukturen. Die Gewalt menschlichen Wahnsinns wirkt verheerend und zerstörend. Überall Menschen, die sich gegenseitig quälen, im Stich lassen, untreu werden, zur Verzweiflung bringen. Menschen ohne Gesicht und ohne Herz, eine graue Masse ohne Licht und ohne Liebe.» Ist das nicht alles über das Böse?

Die Zeitungen sind voll von Berichten über Terror, Korruption, Skandale, über Krisen in Ehe und Familie, in der Schule, im Gesundheitswesen, in der Energieversorgung, im globalen Klima, Krisen über Krisen … Aber die eigentliche Krise sitzt tiefer, es ist die Krise der inneren Einstellung, die Geisteskrise.

Trotz dieser Krise leben die Menschen immer besser. Zumindest in Europa gibt es weniger Hungersnot, die Lebensqualität hat sich verbessert …

Aber sind die Menschen glücklicher? Ich höre ständig von Protest, von Streiks …

Weil die Menschen mehr verdienen wollen.

Und warum? Warum wollen sie immer noch mehr Geld?

Weil sie besser leben wollen.

Besser leben? Meinst du, dass Lebensqualität vom Geld abhängt? Man kann sich doch nur eine Jacke oder einen Pullover anziehen und nicht gleichzeitig zwei oder drei tragen. Trotzdem wollen so viele Leute kaufen, immer mehr kaufen. Die Kaufhäuser haben immer länger auf. Ich stelle dir eine Frage: Warum gehen die Türen der Supermärkte automatisch auf? Weil der Mensch keine Hand mehr frei hat, um sie zu aufzumachen. Er hat zu viel zu tragen. Er kauft zu viel ein. Die Konsumgier, die Überfütterung mit Materiellem ist die eine Seite der modernen Misere, die andere Seite ist die geistige Leere und der Verlust an ehrlichen, vertrauensvollen Beziehungen zwischen den Menschen.

5 ÜBER DEN MENSCHEN

Das erste Buch von Ihnen, Pater Bosmans, das mir in die Hände kam, trägt den Titel «Worte zum Menschsein». Was heißt denn das: Mensch sein?

Ein jeder von uns wurde geboren, um ein Mensch zu sein. Die Menschen sind dazu da, dass sie sich lieben; dazu hat Gott sie geschaffen. Nun gab es und gibt es auf der Welt aber viel Unheil. Daher kam Gott in die Welt, er wurde ein Mensch, um die Welt zu verändern. Er kam nicht, um zu verurteilen, sondern um zu verändern. Er gab uns ein Beispiel, damit wir alle wirklich Mensch werden können. Jetzt sollen wir unsererseits ein Beispiel geben, wie man ehrlich, in Liebe und Freundschaft miteinander lebt. Wir sollen dem anderen Menschen nahe sein, mit ihm Freud und Leid teilen und ihm in Schwierigkeiten helfen. Mensch sein heißt all die Gaben, die man von Gott bekommen hat, entwickeln und fruchtbar machen. Dazu gehört auch ein Gespür für das, was Gott von dir will, wie sein Plan mit dir aussieht.

Mein Plan hängt mit meiner Karriere zusammen ...

Viele Menschen leben so, als ob sie für ein Bankkonto oder den Supermarkt geschaffen seien. Meinst du, du seiest nur dazu geschaffen, um zu arbeiten, mehr zu verdienen und höher nach oben zu kommen? Du bist für das Gute und für die Liebe geschaffen. Du sollst denen Glück bringen, die mit dir leben. Du bist nach dem Bild Gottes geschaffen, und er ist die Liebe. Hab keine Angst, von den Leuten schief angesehen zu werden. Alle Heiligen kamen ihrer Umgebung irgendwie seltsam vor, als ob sie nicht richtig in diese Welt gehörten. Zum Beispiel Franziskus ...

Wollen Sie etwa, dass ich eine Heilige werde? Das ist eher nichts für mich ...

Ich will, dass die Menschen Menschen bleiben. Mensch sein heißt von Liebe erfüllt sein, so wie der heilige Franziskus. Gott hat den Menschen nicht Augen gegeben, dass sie sich selber im Spiegel betrachten, sondern dass sie auf die anderen schauen. Er gab uns Ohren, um anderen zuhören zu können, er gab uns eine Zunge, um mit anderen reden zu können. Alles ist uns für die anderen gegeben. Der Mensch ist für die Liebe geschaffen, für die anderen, nicht für sich selbst. Wir haben zwei Arme, die sind gerade so lang, um einen anderen zu umarmen. Wenn man freilich einen gelähmten Arm hat, dann ist es mit dem Umarmen etwas schwieriger ...

Sie haben Humor. Aber es gibt doch auch sehr ernste Hindernisse und Schwierigkeiten. Die Menschen suchen doch ihr ganzes Leben lang das Glück und finden es nicht ...

Weil man es nicht suchen soll. Das ist der falsche Weg. Ich bin überzeugt, dass alle das Glück finden können. Aber das Glück kommt dann, wenn du nicht daran denkst, wenn du ihm nicht hinterherrennst wie einem Schmetterling. Nach Jahren blickt man in die Vergangenheit zurück und sagt: «Wie glücklich ich damals war!» Aber damals hat man das keineswegs so empfunden.

Wenn du deinem Mann behilflich bist und er sich über deine Hilfe freut, dann macht dich das doch glücklich. Das Glück ist oft dort, wo man es nicht erwartet. Wenn man von außen eure Ehe anschaut, – du bist ja verheiratet mit einem Mann im Rollstuhl –, könnten Außenstehende denken: «So eine traurige Geschichte.» Sie würden es kaum für möglich halten, dass man auch so glücklich sein kann, selbst so.

Sie sprechen über ein schwieriges Glück, Pater Bosmans. Niemand will doch leiden ...

Das Glück, an das ich glaube, ist tatsächlich nicht einfach. Manchmal muss man dafür teuer bezahlen. Manchmal muss man Leiden einfach hinnehmen und aushalten, so schwer es auch fällt. Der Preis für das Glück sind oft wir selbst. Es geht darum, dass man sich selbst hingibt, sein eigenes Leben. Es ist ein Opfer, nicht verbissen aus Pflichterfüllung oder verbohrt aus Fanatismus, sondern bereitwillig aus Liebe.

Kann das Glück auch aus einer Krise entstehen?

Ja, die Krise hilft, sich selbst zu überwinden. Man darf aber nicht in der Krise stecken bleiben, man muss mit ihr kämpfen. Dann wird sie zu einer großen Chance. Ich hatte Tage, an denen mir alles leer vorkam, ich hatte nur das Gefühl: Gott versteckt sich, er antwortet nicht. «Wo bist du, Gott?», habe ich gefragt. «Wie soll ich denn jetzt mit meiner Arbeit weitermachen?» Wenn wir gar nicht mehr sehen, wie es weitergehen soll, wenn wir weder auf uns selbst noch auf andere bauen können, dann müssen wir Gott anrufen. Er antwortet jedem, aber immer auf eine andere Art und Weise. Ich habe es ein paar Mal erlebt. Manchmal geschieht das in der Begegnung mit einem Menschen, der etwas sagt, was sich genau als die Antwort auf das Problem herausstellt.

Haben Sie solche Begegnungen mit Menschen gehabt, durch die Gott zu Ihnen sprach?

Ja, das war vor allem Pater Willy Loop, ein Holländer, aus meinem Orden, er war Lehrer in unserem Seminar. Er sagte mir: «Mach weiter, such weiter und schreibe.» Man wird Mensch mit Hilfe der anderen Menschen. Ohne diesen Pater Loop wäre ich wahrscheinlich nicht Priester geworden ... Er war ein herzensguter Mensch, ohne das zur Schau zu stellen. Er hatte gute Ideen. So sagte er, wir sollten uns einen Satz als Leitmotiv für unser ganzes Leben aussuchen. Ich wählte: «Mit eigenem Blut erwerben.» Dieser Satz wurde auf den Kelch eingraviert, den ich bei meiner ersten Heiligen Messe benutzte. Was bedeutet er?

«Verwerven door eigen bloed»: «Mit eigenem Blut erwerben.» Dieses Wort wählt der junge Phil Bosmans als sein Lebensmotto. Es steht auf seinem Primizkelch.

Dass man alles hingeben soll, bis zum Tod. So wie Jesus Christus. Manchmal hat Pater Loop in der Kapelle bei uns frei gebetet. Es war wunderbar, ihn zu hören. Er hatte auf uns großen Einfluss. So konnte er gelegentlich auf unsere Schreibtische Spruchtexte legen, die uns weitergeholfen haben. Wenn einer von uns mit seinen Pflichten nicht zu Rande kam, fand er zum Beispiel auf seinem Tisch den Satz: «Auf wem Verantwortung liegt, der muss sie auch tragen.» Pater Loop übernahm dann die Leitung des Bundes ohne Namen in den Niederlanden, später ging er nach Afrika. Er war auch der Gründer des Ordenshauses der Monfortaner am bekannten Marienwallfahrtsort Banneux in Belgien. Er war mein Freund.

Und welchen Einfluss hatten auf Sie die ehemaligen Strafgefangenen? Oder die Roma, Zigeuner, die doch oft weder lesen noch schreiben konnten? In der Begegnung mit ihnen, wie geschah da für Sie das «Mensch sein»?

Ich habe sie einfach geliebt, ohne irgendwelche Hintergedanken. Ich wollte einfach bei ihnen sein. Ob ich mich gelangweilt habe? Oft haben wir in unserem «Café ohne Bier» zusammen Karten gespielt. Ich habe ihnen zugehört. Sie konnten auch ihre Gefühle zeigen. Ich habe mich sogar mit dem König der Roma angefreundet. Hier, vor dem Kloster, sind ganze Scharen von Zigeunern, denen ich geholfen hatte, aufmarschiert. Ich musste sie dann sogar bitten, solche Besuche ein wenig zu reduzieren.

Heißt «Mensch sein» auch Hindernisse ausräumen, Gegensätze überbrücken, verhärtete Positionen entschärfen? Wissen Sie, dass in Mortsel, wo mein Mann herkommt, manche Leute bis heute schimpfen, dass Sie dort einen festen Standplatz für Zigeuner eingerichtet haben?

Das haben manche immer noch nicht akzeptiert? Das wusste ich gar nicht. Aber was sollte ich damals machen? Anfang der siebziger Jahre wurden die Zigeuner überall vertrieben. Keine Gemeinde wollte sie auf ihrem Territorium haben. Eines Tages haben sie mit ihren Wagen in Antwerpen Halt gemacht. Sie kamen zu mir, weil die Behörde dagegen einschreiten wollte. Es war kurz vor Weihnachten, und sie haben doch, so wie alle anderen, das Recht zu feiern … Ich ging zur Polizei und sagte dem Kommissar – mir fiel kein besseres Argument ein –, die Zigeuner könnten nicht aufbrechen, weil die meisten betrunken sind; sie müssten über die Feiertage hier bleiben, sonst könnte es Unfälle mit Todesfolge geben. Das hat nichts geholfen. Daraufhin rief ich den Oberbürgermeister an, der übrigens auch nicht mehr ganz nüchtern war, und drohte, ich würde das Fernsehen herholen; das würde dann zeigen, wie die Stadt Antwerpen am Heiligen Abend mit Menschen umspringt. Darauf erwiderte er: «Gut, aber auf Ihre Verantwortung.» Damit war ein wenig Zeit gewonnen, aber das Problem noch nicht gelöst. Wir mussten einen Platz finden, wo die Roma auf Dauer bleiben konnten.
Es war sehr schwierig. Überall nur Absagen. Dann konnten wir in Mortsel, einer Gemeinde in der Nähe von Antwerpen, ein Gelände pachten, es musste aber noch Strom, Wasser und Kanalisation angeschlossen werden. Wir haben Innenministerium, Provinzbehörde und Gemeindeverwaltung informiert und die notwendigen Arbeiten auf eigene Faust unternommen. Das hat vielen Leuten über-

haupt nicht gefallen, es gab viel Ärger, Beschwerden, Drohbriefe. Trotzdem haben wir angefangen, nachts. Ich dachte, am nächsten Morgen werden sie dich verhaften. Tatsächlich kam die Gendarmerie und fragte, was ich da mache. Ich habe versprochen, dass wir den aufgegrabenen Weg noch am gleichen Tag wieder herrichten werden. Zu meiner Überraschung ließen sie uns in Ruhe. Später erfuhr ich, dass sich der Innenminister am Abend vorher eingeschaltet hatte; er hatte den Regierungspräsidenten von Antwerpen angerufen und empfohlen, uns gewähren zu lassen. Er hatte sich für dieses Projekt «Erster fester Standplatz für Zigeuner in Belgien» interessiert, es sei ein wichtiges Experiment, meinte er. Nicht viel später wurde in Belgien ein Gesetz verabschiedet, das die Zuweisung von Standplätzen für die Roma regelte, mit Anschluss an Strom und Wasser. Lange Zeit galt ich als der inoffizielle Chef der Zigeuner, alle Post, alle Beschwerden kamen zu mir, und ich musste erklären, dass ich nicht ihr König sei …

Über den Menschen

Phil Bosmans 1974 mit dem König der Roma in Antwerpen. Gegen die überwiegend ablehnende Einstellung der Bevölkerung und der Behörden kämpft er für elementare Menschenrechte der Zigeuner.

In Anerkennung seiner Verdienste um die Menschen in Belgien und aus Anlass des vierzigjährigen Bestehens des Bundes ohne Namen wird Phil Bosmans vom König der Belgier, Albert II., empfangen.

Hat es Sie nicht gestört, dass manche von ihnen vom Stehlen lebten?

Ich habe nicht in ihre Taschen geschaut. Für mich waren es Familien mit Kindern, denen man helfen muss. Das war selbstverständlich. So habe ich mit Hilfe eines guten Bekannten zwei ausgediente Bahnwaggons organisiert, in denen dann die Kinder so etwas wie Schulunterricht bekamen. Sollten diese Menschen meiner Liebe etwa weniger würdig sein, weil sie verdächtigt wurden, Autos zu stehlen?

6 ÜBER DIE ENGEL

Wer sind die Engel, über die Sie so oft schreiben?

Ich habe viel über Engel geschrieben. In der Kirche hat man sie zu Schönheitswesen mit Flügeln gemacht, aber ich war immer der Meinung, dass Engel ein gewöhnliches menschliches Aussehen haben. Im Alten Testament wandert mit Tobias ein Engel, aber in menschlicher Gestalt. Engel sind Menschen, die lieben. Sie tun etwas uneigennützig für andere Menschen, die es schwer haben und Hilfe brauchen. Als ich mich im Bund ohne Namen um Ex-Gefangene kümmerte, kamen Menschen und gaben mir für sie Geld, manchmal viel Geld. Da hat man mich im Büro gefragt: «Wer war das, kannten Sie diese Menschen?» Ich kannte sie nicht und gab zur Antwort: «Das sind Engel.» Auf einmal waren sie da und dann auch wieder weg.

Haben Engel eine bestimmte Mission?

Nein, sie sind selber die Mission. Weil sie einfach gut, von Herzen gut sind.

Und wann kommen sie?

Wenn du sie brauchst … Engel kommen, wenn der Mensch in Unglück gerät; um zu helfen. So kamen Menschen zu mir, als ich nach dem Schlaganfall halbseitig gelähmt war, und halfen mir. Zum Beispiel Paula, sie hatte bei uns im Büro vom Bund gearbeitet. Mit der rechten Hand konnte ich nichts mehr machen. Ich konnte nicht mehr schreiben, keinen Brief öffnen oder in einen Ordner legen. Da kam sie jede Woche, um mir zu helfen, Briefe zu schreiben und Ordnung in die Papiere zu bringen. Ich hatte sie nicht darum gebeten, sie kam einfach so, von sich aus. Gestern erfuhr Jaak, dass ich gern zu meinem Bruder und meiner Schwester nach Genk – das sind hundert Kilometer von hier – gebracht werden möchte, um sie zu besuchen, mein Bruder hat Leberkrebs. Jaak kam mit seinem Auto, und wir fuhren los. Jeder kann für andere ein Engel sein, wenn er sie nicht in ihrer Einsamkeit sitzen lässt, wenn er ihnen Gutes tut, wenn er sie liebt.

Sie meinen, dass jeder ein Engel sein kann, es gibt aber doch viel zu wenige in dieser Welt…

Meinst du? Ich denke, es gibt viele Engel.

Vielleicht üben Sie, Pater Bosmans, auf Engel eine besondere Anziehungskraft aus, dass viele zu Ihnen kommen.

Ich weiß nicht, ob ich sie anziehe. Aber schau in deine Umgebung. Gibt es da nicht auch Menschen, die dir helfen, die dir etwas Gutes sagen und manchmal auch etwas Hartes, was dir trotzdem weiterhilft? Selbst wenn du etwas falsch machst, dann sagt es dir ein Engel.

Haben Engel eine besondere Verbindung zu Gott?

Engel haben Antennen, die nach oben gerichtet sind. Mit ihrer Hilfe registrieren sie Zeichen von Gott. Dank dieser Antennen lebt ein Engel von innen her.

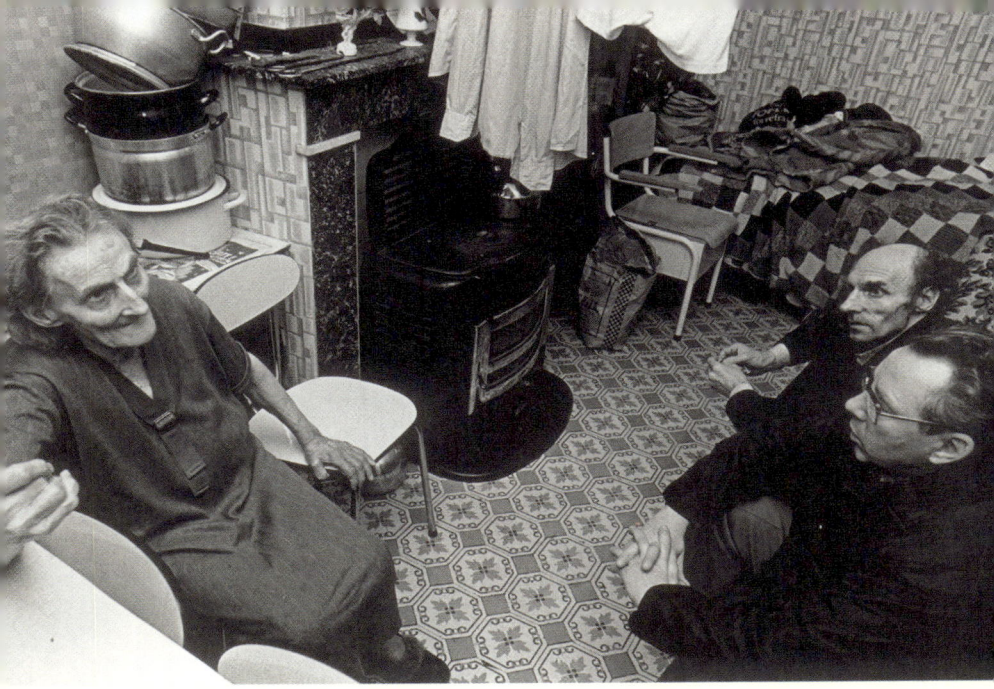

*«Engel mit goldenen Händen»: Für hilflos Verarmte richtet
Phil Bosmans mit Freunden vom Bund ohne Namen einen kostenlosen
Reparaturdienst ein. Diese Männer reparieren, machen eine trostlose
Behausung wieder wohnlich, helfen bei einem Umzug.*

Aber oft sind solche Antennen auch gebrochen ...

Die Antenne fängt dann an zu brechen, wenn ein Engel
anfängt, statt an andere viel mehr an sich selbst zu denken,
an sein eigenes Leben. Wenn er nur für sein eigenes Wohl
arbeitet, wenn er niemandem hilft, wenn er keine Beziehung zu Gott hat, wenn ihm nur materielle Dinge wichtig
sind, dann kann er kein Engel mehr sein.

Kann man solche gebrochenen Antennen reparieren?

Ich glaube, dass die Antennen nie völlig kaputt sind. Sie
funktionieren nur eine Zeit lang nicht mehr. Man hat viele

Tag der offenen Tür im «Hotel MIN» (Foto von 1984).
Die sozialen Einrichtungen des Bundes ohne Namen werden finanziell
durch die Spenden von vielen Freunden und Freundinnen getragen.
«Die Engel, an die ich glaube, sind echte Menschen.»

Jahre keine Signale mehr empfangen und keinen Kontakt
zu Gott gehabt, bis eines Tages die Antenne wieder empfängt. Denn in der Regel kann jeder ein Engel sein, wenn
er nur an das Wohl anderer denkt und sich selbst dabei
vergisst. Ein Engel muss aber nicht perfekt sein. Auch er
kann schwach sein, denn alles, was menschlich ist, steckt
auch in ihm.

Engel haben vor allem ein Gesicht. Es sind keine Fantasie-
gebilde, keine Engel aus der Sixtinischen Kapelle, keine
überirdischen Wesen aus barocken Gemälden. Die Engel,
an die ich glaube, sind echte Menschen. Sie können sogar

Über die Engel

weinen, obwohl sie oft Trost spenden. Wenn so ein Engel bei dir ist, wird alles heller, es geht dir besser. Ein Engel kann auch jemand sein, der nicht gläubig ist. Wenn er nur gut ist, dann bleibt er im göttlichen Bereich, im Magnetfeld Gottes. Seine Antennen empfangen Signale von Gott, selbst wenn er nicht weiß, woher sie kommen.

Aber wie kann man wissen, ob es ein Signal von Gott ist?

Man muss gut zuhören können. Ich habe dafür kein Patentrezept. Jeder empfängt diese Signale etwas anders. Freilich gibt es Zeiten, in denen unsere Umgebung weniger störanfällig ist und die Signale leichter empfangen werden, sie erreichen uns besser. Ein andermal geht es nicht so gut.
Im Krankenhaus kommt es manchmal zu ungewöhnlichen Begegnungen. Als ich nach dem Schlaganfall längere Zeit selbst dort verbrachte, war da ein Patient, der mit seinem Leben Schluss machen wollte. Er hatte Aids. Die Dokumente für die aktive Sterbehilfe waren schon vorbereitet, er brauchte nur noch zu unterschreiben und fertig. Seine Frau wollte es nicht, sie bat ihn, es nicht zu tun. Ich bin ein paar Mal bei ihm gewesen. Letztlich hat er dann doch nicht unterschrieben. Inzwischen ist er gestorben, aber seine Frau ruft mich bis heute manchmal an, um sich zu bedanken, dass ich damals da war. Zufällig lag ich in der gleichen Klinik, aber in der Wirklichkeit gibt es keinen Zufall.
Ich merke relativ schnell, wenn es einem Menschen schlecht geht, wenn bei ihm etwas nicht stimmt. Eines Morgens kam eine Krankenschwester. Ich sagte zu ihr: «Dir geht es nicht gut, du bist so traurig.» Sie nickte nur mit dem Kopf. Am nächsten Morgen war ihr Mann nicht mehr zu Hause, er hat alles mitgenommen. Sie kam dann

Auf dem Dach des Rockefeller-Hochhauses in New York lernt Phil Bosmans seinen Landsmann Pierre Konings kennen, Direktor bei der niederländischen Luftfahrtgesellschaft. Pierre wird sein Freund, ein Engel, der ihm viele Wege, vor allem nach Südamerika, ebnet.

Nach einem Schlaganfall 1994 ist Phil Bosmans halbseitig gelähmt und braucht «eine menschliche Gehhilfe». Hier wird Pavao Madžarević, der Gründer des Bundes ohne Namen in Kroatien, zu seinem Engel.

zu mir, und wir haben lange miteinander gesprochen. Da war auch eine andere Krankenschwester, auch sie schien mir sehr bedrückt zu sein. Als ich sie nach der Ursache fragte, stellte sich heraus, dass ihr Freund sich das Leben genommen hatte. Ich war drei Monate im Krankenhaus. Manchmal habe ich mich gefragt: Warum muss ich hier so lange bleiben? Vielleicht war es gerade für diese Menschen.

Diesmal waren Sie ein Engel …

Ich weiß nicht, ob die Menschen das so empfunden haben, vielleicht war es wirklich so. Das Leben wird wertvoller, wenn du an diese wunderbaren Dinge glaubst.

Warum haben Sie einen Mann mit Aids zum Weiterleben überreden wollen? Er hatte doch viel zu leiden …

　　　　　　　　　　　Über die Engel

Sogar in solch einer Situation muss man an die anderen denken. Ich sagte, dass es für ihn vielleicht leichter sein wird, aber für seine Frau, für sein Kind vielleicht schwieriger. Ich sagte ihm, dass er immer noch sprechen, sehen, berühren kann, diese kleinen Augenblicke erleben darf. Der Mensch hat alles von Gott bekommen. Ich kann gut verstehen, dass man, wenn man leidet und einem nicht geholfen werden kann, sterben will. Weil es dann für einen leichter ist zu sterben, als zu leben. Früher habe ich viele Briefe von älteren Menschen bekommen mit der Bitte, für sie zu beten, dass sie sterben können.

Und konnten Sie solche Bitten abschlagen?

Ich habe nicht darum gebetet, dass sie sterben, sondern darum, dass Gott tut, was er für richtig hält. Ich ziehe vor, auf diese Weise beim Sterben zu helfen. Ich kann doch keine tödliche Spritze geben ... Weil die Gesellschaft immer reicher wird, kommt es öfter zu Situationen, wo man einen alten Menschen um jeden Preis am Leben halten möchte. Man schließt ihn an entsprechende Apparate an, und so kann er monatelang am Leben gehalten werden. Ich finde, das ist nicht nötig. Man muss auch manchmal einen Menschen gehen lassen.

Der erste Fall von legaler Euthanasie in Belgien war ein Mann mit Multipler Sklerose, Mario Verstraten. Er war genauso alt wie mein Mann ...

Ihm hat ein Engel gefehlt, ein Mensch, der ihn liebt, der ihn überzeugt, dass es dennoch sinnvoll ist zu leben, obwohl alles dagegen spricht.

7 ÜBER DEN TOD

Ich würde Ihnen gerne eine schwierige Frage stellen. Die Frage nach dem Tod.

Findest du, dass es eine schwierige Frage ist?

Für mich schon. Die Frage macht mir Angst. Ihnen nicht?

Nein. Das ist einfach unser Ende hier auf Erden. Man muss alles verlassen.

Fürchten Sie sich wirklich nicht?

Nein. Warum sollte ich mich fürchten? Während des Lebens muss man sich auf den Tod vorbereiten. Jeden Tag sterben wir ein bisschen. Mitten im Leben steht der Tod, aber keiner von uns will ihn sehen. Wir wollen mit ihm nichts zu tun haben.

Wie bereiten Sie sich auf den Tod vor?

Das sind keine besonderen Vorbereitungen. Ich denke einfach oft an ihn.

An den eigenen Tod oder an den Tod der anderen?

An den eigenen. Meistens, wenn Menschen an den Tod denken, dann an den Tod der anderen, an den Tod derer, die ihnen nahestehen. Selten denken sie an den eigenen Tod. So ist es einfacher und sicherer. Gestern, bei einem Treffen vom Bund ohne Namen, habe ich mit einem gesprochen, der von Anfang an dabei war. Er ist jetzt neunzig Jahre alt. Er erzählte mir, dass er oft auf Beerdigungen ist. Es ist gut, alt zu werden und auf die Beerdigungen anderer zu gehen, so bereitet man sich auf eigenen Tod vor.

Für mich ist der Tod etwas Natürliches. Mein Bruder zum Beispiel hat Krebs. Er wurde letzten Donnertag operiert, er liegt noch auf der Intensivstation. Seine Frau sagte mir, dass sich in seiner Lunge Wasser sich angesammelt hätte. Die Situation ist gefährlich, ich muss dort heute noch anrufen. Mein Bruder ist so eine Art Philosoph. Er meint, wir hätten doch schon lange gelebt. Mehr als um sich selbst macht er sich Sorgen um seine Frau, dass sie nach seinem Tod nicht traurig sei … Er sagt: «Mir schadet es nicht mehr, aber für meine Frau und für meine Kinder wird es schwer.» Mein Bruder hat viel über den Tod nachgedacht. Natürlich hat jeder Angst vor dem Tod, weil er etwas Unbekanntes ist.

Für mich ist der Tod die Begegnung mit Gott, die Heimkehr des Kindes zum Vater. Gott liebt mich nicht nur, wenn ich lebe, er wird mich noch mehr lieben, wenn ich sterbe. Das ist für mich eine große Erleichterung. Sterben ist unheimlich, grauenvoll, wenn du blindlings in ein Land gehst, von dem du noch nie geträumt hast. Es ist traurig, wenn Menschen sterben, und sie haben vorher nie an den Tod gedacht. Wenn jemand stirbt, halten wir einen Augenblick inne; aber oft interessiert es uns einfach nicht. Einmal habe ich erlebt, wie jemand auf der Straße starb. Der Verkehr wurde angehalten, aber wenig später lief alles wie gewohnt weiter. Für den Toten wurden keine Angehörigen gefunden. Man hat ihn zwei Wochen in einer Kühlkammer aufbewahrt, aber kein Mensch ist gekommen, keiner hat ihn gekannt …

Ich verstehe aber immer noch nicht, wieso ich über den Tod nachdenken soll? Das ist doch deprimierend, das nimmt mir doch meine Freude am Leben.

Ich sage dir noch einmal: Damit du vorbereitet bist, damit du alles, was auf dich zukommt, annehmen kannst, damit du vertrauensvoll ja sagen kannst. Wenn du das Leben akzeptierst, bereitest du dich am besten auf den Tod vor. Und dann lebst du auch intensiver. Das muss überhaupt nichts Trauriges sein. An den Tod denken wirkt befreiend, wenn man glauben kann an ein ewiges Leben. Der Tod eröffnet uns unvorstellbare Perspektiven. Unser Leben endet nicht in einem schwarzen Loch. Wenn man sich diesem Geheimnis öffnet, spürt man, wie allmählich eine andere Welt auf uns zukommt. Man fängt an, zu begreifen, dass alles relativ ist, was uns Tag für Tag so heftig beschäftigt. Auf den Tod muss man warten, so wie man auf einen Morgen wartet, den man nicht kennt.

Glauben Sie, Pater Bosmans, an ein Leben nach dem Tod?

Ja. Auch wenn wir nichts zu diesem Thema wissen, gar nichts. Auch wenn es Bücher gibt, die Menschen über ihre Nahtod-Erfahrungen geschrieben haben. Für mich ist alles offen. Jedes Leben hat Sinn, auch wenn Menschen meinen, ihre Existenz auf Erden sei sinnlos. Ich glaube nicht nur an ein Leben nach dem Tod, ich glaube auch an die Auferstehung. Jeder Mensch wird auferstehen. Du hast Zweifel? Schau da draußen diese blühenden Bäume. Kann man einem Menschen, der nie blühende Bäume gesehen hat, im Winter die kahlen Äste zeigen und erklären, dass sie in ein paar Monaten voller Blätter und Blüten sein werden?

Wahrscheinlich wird er sagen: «Das ist unmöglich.» Trotzdem passiert das jedes Jahr. Auch die Samenkörner, die du in die Erde legst, werden Blätter und Blüten und Früchte bekommen. Genauso habe ich keine Schwierigkeiten, an das Geheimnis zu glauben, dass dieses wunderbare Wesen Mensch, das auf der Erde stirbt, im Paradies zu einem neuen Leben voller Freude auferstehen wird.

Was würden Sie mitnehmen, wenn man irgendwas auf die andere Seite mitnehmen könnte?

Nichts. Sich auf den Tod vorbereiten heißt auch lernen, alles loszulassen, alles zu verlassen. Im Laufe des Lebens sammeln wir viele Sachen. Wir lieben die Geschenke der Freunde, die Bücher, die Familienfotos. Wir müssen alles liegen lassen. Das Einzige, was bleibt, ist die Liebe. Die Liebe stirbt nicht. Sie ist das Einzige, was überlebt. «Für jetzt bleiben Glaube, Hoffnung, Liebe, diese drei; doch am größten unter ihnen ist die Liebe», schrieb Paulus im Korintherbrief. Ich glaube, Gott kümmert sich, wenn ein Mensch stirbt, ganz besonders um ihn. Lass dich ruhig fallen, denn du fällst in die offenen Hände und zärtlichen Arme eines unendlich liebenden Gottes.

Hilft der Glaube, dass auf der anderen Seite Gott mit geöffneten Armen wartet, beim Sterben? Sterben Gläubige ruhiger?

Ich habe Menschen sterben sehen mit dem Rosenkranz in Händen, Menschen, die gebetet haben, die betend und in Frieden von uns gingen. Es muss nicht so sein, es gibt auch Todesangst. Aber für den gläubigen Menschen ist es doch einfacher. Ich habe es mehrmals gesehen. Wer nicht glaubt, sieht sich mit der Absurdität der Existenz konfrontiert und geht in einen dunklen Abgrund. Es gibt natürlich Menschen, die das akzeptieren.

An den Tod denken muss nichts Trauriges sein. Das Leben wird intensiver. Sich auf den Tod vorbereiten heißt lernen, alles loszulassen. Das Einzige, was bleibt, ist die Liebe.

Über den Tod

Wenn Gott auf jeden mit offenen Armen wartet, was ist dann mit der Hölle?

An die Hölle glaube ich nicht. Ich denke, dass Gott für jeden Menschen ein Paradies hat, wie dieser es verdient. Ich glaube an die unendliche Liebe Gottes.

Haben Sie, wenn Sie an den Tod denken, das Gefühl, es ist alles getan, alles gemacht ...

Jetzt, wo ich älter bin, kann ich vieles relativieren. Früher war ich oft in Eile, um dies oder jenes zu machen. Und ich war traurig, wenn es mir nicht gelungen war, alles zu erledigen, was ich geplant hatte. Jetzt bin ich ruhiger, das ist viel besser. Trotzdem denke ich ständig daran, dass ich mehr hätte machen können. Die Menschen sagen zu mir: «Pater Bosmans, Sie haben so viel gemacht.» Aber dieses Gefühl habe ich nicht. Siehst du dort die Flasche Whisky? Ich habe sie geschenkt bekommen und mich noch nicht bei den Leuten bedankt ...

Trinken Sie Whisky?

Nein, so etwas trinke ich fast nie.

Da in der Ecke steht eine ungeöffnete Flasche Grasowka. Ist sie von den Freunden aus Polen?

Ich habe sie von Agata und einem polnischen Priester bekommen. Ich werde sie weiter verschenken, weil ich keinen Wodka trinke. Oft habe ich «Jägermeister» getrunken, das ist ein deutscher Kräuterschnaps, hm, sehr gut.

Aber betrunken waren Sie nie ...

Doch, war ich. Stell dir vor, einige Zeit nach dem Schlaganfall, also vor ungefähr zehn Jahren, haben mich Guido
und seine Frau nach Deutschland zu einem Vortrag gefahren. Nach dem Vortrag wurden wir zu unserer Unterkunft
gebracht. Guido hatte eine Flasche geschenkt bekommen,
es wurde ein sehr netter Abend. Ich habe gar nicht
gemerkt, dass da so viel Alkohol drin war ... Mir kam der
Schnaps so mild vor, also habe ich getrunken, und Guido
hat eingeschenkt. Ich musste pausenlos lachen. Wenn ich
viel trinke, lache ich mehr als sonst. Schließlich war ich
nicht mehr in der Lage, allein ins Bett zu gehen. Da haben
die beiden mich schlafen gelegt. Ja, dann war ich noch einmal betrunken, das ist schon länger her, ungefähr dreißig
Jahre. Hier wohnte ein alter Pater, der mochte Genever,
eine Art Wacholderschnaps, mit Martini. Das haben wir
getrunken, alles war gut, aber hinterher musste ich zu
einem Treffen. Da habe ich anscheinend die ganze Zeit
gelacht. Außer diesen beiden Geschichten kann ich mich
an keine größeren Eskapaden erinnern.

8 ÜBER DAS KREUZ

Wie haben Sie Ostern verbracht?

Ich konnte einige Besuche machen. Ich habe auch etwas über das Kreuz geschrieben oder vielmehr mühsam mit den Fingern der linken Hand die Tasten am Computer gedrückt und auch Texte von früher nachgelesen. Das Kreuz ist etwas Wahnsinniges, Verrücktes, Unverständliches, Unmenschliches. Alle anderen Religionen denken an ein übermächtiges Wesen. Nur das Christentum glaubt an einen scheinbar machtlosen Gott, an einen Gott, der schwach wird und sich umbringen lässt.

Das ist es ja eben, wie kann dann das Kreuz einen modernen Menschen noch anziehen?

Gott hat seine Allmacht in der Person Jesu Christi gekreuzigt. Gott liebt so sehr die Menschen, dass er zum leidenden Gott wurde. Er hat das Leiden, das Kreuz gewählt. Er ist aufs unterste Niveau menschlichen Lebens gegangen, in den Untergrund, wo jeden Tag, auch heute, Hass und Ungerechtigkeit entstehen. Wo es keine Liebe gibt. Gott ist dorthin gegangen, wo Menschen einander ablehnen, ausbeuten, betrügen, quälen, ruinieren. Gott hat sich mit allen Opfern dieser Welt identifiziert. Jesus stirbt jedes Mal neu, wenn ein Mensch geschlagen, gequält, ermordet wird, weil jedes Mal die Liebe geschlagen, gequält und ermordet wird. Kreuz geschieht mitten unter uns und heute vielleicht mehr denn je.

Kann man dem Kreuz aus dem Weg gehen? Es wird doch nicht jeder geschlagen und gequält?

Den Sinn des Kreuzes muss jeder in seinem Leben finden. Ich kenne keinen Menschen, der im Leben keinen Schmerz und kein Leid erfahren hätte. Früher oder später stößt jeder, ob er ein gläubiger oder ein nichtgläubiger Mensch ist, mit dem Kopf gegen den hässlichen Querbalken, der das Leben zu einem Kreuz macht. Du wirst krank. Du verunglückst. Ein geliebter Mensch stirbt. Du verlierst deine Arbeit, deine Ehe zerbricht. Das alles kann so schlimm sein, dass du nicht mehr leben willst. Und dann kommt die Frage nach dem Warum: Warum dieses Leid? Warum diese schreckliche Krankheit? Warum ich?

Wenn du rebellierst, entsteht in deinem Herzen ein giftiges Geschwür, die Verbitterung wächst, und das Kreuz wird noch schwerer. Du hast aber keine Wahl. Entweder du trägst dein Kreuz, oder dieses Kreuz wird dich erdrücken. Du kannst es aber nur tragen, wenn du Sinn und Ziel des Kreuzes begreifen lernst.

Aber es gibt doch Menschen, die nicht glauben und doch ihr Leiden akzeptieren und keineswegs verbittert sind …

Ja, aber ich weiß nicht, wie sie es schaffen, wenn das Leiden allen Sinn verliert. Das ist doch wohl Verzweiflung, der Mut der Verzweiflung … Es gibt Menschen, die wegen des Leidens Gott verlassen und den Glauben an ihn verlieren. Aber es gibt auch Menschen, die ausgerechnet im Leiden Gott gefunden und die ihm für das Kreuz gedankt haben, das er ihnen zu tragen gab.

Das Kreuz ist mehr kritisiert worden als die Symbole anderer Religionen. Warum?

Weil das Kreuz weh tut. Wer ein Kreuz zu tragen hat, leidet, und die Menschen wollen nicht leiden. Das Kreuz ist auch unbequem, es provoziert. Und dann gibt es auch viel Gedankenlosigkeit. Die Menschen machen sich keine Gedanken über die wahre Bedeutung des Kreuzes.

Das Kreuz im Zimmer von Phil Bosmans. Das Zeichen des Christentums ist das Zeichen einer Liebe, die alles Leid zu verwandeln vermag. «Du siehst alles anders und viel besser mit Augen, die geweint haben.»

Andererseits ist das Kreuz auch wieder modern. Im Fernsehen tragen weibliche Popstars ein Kreuz am Hals und männliche ein Kreuz als Ohrring ...

Vielleicht wollen sie ein bisschen provozieren. Es ist aber nur ein Schmuckstück, das Kreuz hat seinen Sinn verloren, mit Christentum hat das nichts zu tun. Manche Fußballspieler, besonders aus Südamerika, bekreuzigen sich vor einem Spiel. Ich weiß nicht, was sie sich dabei denken. Wahrscheinlich soll ihnen das Glück bringen. Der tiefere Sinn des Kreuzes geht in unserer Gesellschaft mehr und mehr verloren.

Ich habe das Gefühl, dass die Menschen eher im Leid als im Glück zu Gott finden. Wenn jemand leidet, wendet er sich an Gott. Ist das der einzige Weg?

Über das Kreuz

Um Gott zu finden, ist Leiden keineswegs notwendig, aber es kann die Begegnung mit ihm erleichtern. Denn das Kreuz ist wie eine Antenne, durch die wir Nachrichten von Gott empfangen können. Wer alles hat, wovon er geträumt hat, für den ist Gott überflüssig. Dagegen ist das Kreuz ein Pluszeichen, es erinnert uns daran, dass es noch etwas anderes gibt. Manchmal und meistens sehr spät merken wir, dass das Kreuz ein Geschenk ist. Dann ist man dafür dankbar. Glauben heißt nicht, dass du weniger leiden wirst. Aber du findest, dass dein Leiden Sinn hat, und das macht es für dich leichter. Wenn du dein Kreuz annimmst, dann wirst du es auf deinem Weg vielleicht sogar irgendwann verlieren.

Und Sie, Pater Bosmans, haben auch Ihr Kreuz?

Ja, jetzt ist die Behinderung durch meine Lähmung mein Kreuz.

Und welchen Sinn hat das?

Dass ich nicht ständig an mich selbst denke, an mein Leiden, sondern an das Leiden der anderen. Dafür bin ich Gott dankbar, auch wenn mich oft sehr ärgere. Und ich kann jetzt auch vieles relativer sehen, vieles ist nicht mehr so wichtig. Früher, in meinen jungen Jahren, war ich lange krank. Erst später war ich Gott dafür dankbar. Zuerst rebellieren wir und fragen: «Warum?» Christus hat das auch gefragt: «Warum?» Ein Christ kann mit Gott kämpfen, von ihm eine Erklärung verlangen …

Und bekommt er auch eine Antwort?

Gottes Antwort ist Christus mit dem Kreuz. Hat dir jemals einer eine bessere Antwort gegeben? Du kannst alle Wissenschaftler oder Weisen fragen, keiner gibt dir eine Antwort auf diese Frage. Nur Gott.

Seine Antwort ist aber schwer zu verstehen.

Man wird sie niemals ganz verstehen, es bleibt ein Geheimnis. Warum musste Jesus leiden, warum musste er sterben? Meiner Meinung nach gibt es, wenn man Jesus als den Inbegriff Gottes ignoriert, mehr Fragen als Antworten. Dann bleibt alles fraglich und am Ende absurd.

Warum ist Jesus ausgerechnet damals gekommen, um allem Leiden der Menschen Sinn zu verleihen? Warum hatten die Menschen vor seiner Zeit keine Chance, diesen neuen Sinn zu sehen?

Weil alles auf diesen Zeitpunkt hin vorbereitet war, weil die Zeit erfüllt war. Mehr wissen wir nicht, das Christentum hat nicht auf alles eine Antwort.

Kann man glücklich sein, wenn man das Kreuz trägt? Sind Sie trotz Ihrer Behinderung glücklich?

Doch, in gewisser Weise ja. Glück ist für jeden etwas anderes. Da sind die Heiligen, auch wenn bei ihnen vieles hinzufantasiert wurde. Ich denke doch, dass viele von ihnen trotz ihrer Leiden und bei allem Kreuz sehr glückliche Menschen waren. Das spüren wir ja auch ein wenig, wenn wir etwas für andere getan haben, was uns sehr schwer fiel, was uns vielleicht große Schmerzen verursachte, und hinterher hatten wir ein gutes Gefühl, wir waren glücklich und zufrieden. So sind wir jedes Mal, wenn wir uns überwunden und für andere eingesetzt haben, nach jedem Geschenk, das wir den anderen gemacht haben, glücklicher. Ich habe das zum Beispiel erfahren, als ich unter so großen Schwierigkeiten das Haus für Frauen eingerichtet hatte, die aus dem Gefängnis und aus der Prostitution kamen; damals war ich sehr froh.

Haben die ehemaligen Gefangenen und Prostituierten verstanden, wenn Sie zu ihnen vom Kreuz gesprochen haben?

Die haben das manchmal besser verstanden als die anderen. Ich habe aber nie im Gespräch mit ihnen vom Kreuz oder von Gott angefangen. In der Regel haben sie erzählt und meistens von ihren Leiden. Ich habe zugehört. Ich habe gewartet, bis sie anfingen zu fragen. Die häufigste Frage war: «Warum machst du das? Warum kommst du zu uns?» Dann gab ich zur Antwort: «Weil ich die Menschen gern habe, weil Gott will, dass wir zueinander gut sind, dass wir uns alle lieben.» Da wurden sie neugierig, wie das möglich sei, dass ich sie gern habe. Ich habe einmal sogar mit einem Gefangenen gesprochen, der seine Frau ermordet, zerstückelt und Teile in der Pfanne gebraten hat; äußerlich sah er wie ein normaler Mensch aus ... Die Ehemaligen haben sich gewundert und meinten, das hätten sie nicht verdient, dass ich sie gern habe. Manchmal haben sie auch keine Frage gestellt, und dann wurde auch kein religiöses Thema angesprochen. Es gab unter ihnen tief gläubige Menschen, die versuchten, aus ihrem Leben zu retten, was noch zu retten war. Aus dem Zuchthaus in Löwen bekam ich Briefe von einem Inhaftierten, der hatte einen sehr tiefen Glauben. Er schrieb, er hätte sich im Gefängnis bekehrt. Er hat den Sinn seines Kreuzes begriffen. Ich weiß nicht, was er verbrochen hatte, aber er sah seine Strafe als eine Buße an und wollte möglichst wieder gutmachen, was er schlecht gemacht hatte.

Heute scheinen sich die Menschen schlechter mit dem Leiden abzufinden als früher. Sie machen um das Kreuz einem großen Bogen. Manche können es nicht einmal ertragen, wenn sie in der Öffentlichkeit ein Kruzifix sehen. Die meisten wollen mit dem Kreuz so wenig wie möglich zu tun haben, dafür sind Krankenhäuser, Altenheime, Sozialstationen zuständig...

Wenn du dein Kreuz auf dich nimmst, bist du nicht mehr ein Mensch, der Erfolg hat. Heute wird den Leuten von der Werbeindustrie eingeredet: Glück ist etwas, was man kaufen kann. Das ist aber eine Lüge. Und doch glauben viele daran. Sie kaufen und kaufen, bis die Wohnung voll ist. Dann stellt sich aber heraus, dass in der Wohnung die Liebe fehlt, und dann lassen sie sich scheiden. Liebe ist aber kein Luxusartikel, den man kaufen kannst. Liebe ist eine schwere Aufgabe und manchmal auch ein Kreuz. Das kommt im Fernsehen kaum zur Sprache, weil es nicht so gefällig und spannend ist.
Menschen vereinsamen, obwohl sie reich sind. Sie haben alles, aber keinen, den sie lieben könnten, und keinen, der sie lieben würde. Dann legen sie sich einen Hund oder eine Katze zu, von ihnen bekommen sie ein wenig Zuneigung, nach der sie sich sehnen. Vielleicht ist es gut, dass sie diese Haustiere haben, dann verkümmern ihre Gefühle nicht ganz und gar.

In unserer Gesellschaft wird viel Wert auf Unabhängigkeit gelegt. Es gehört sich nicht, auf die Hilfe anderer angewiesen zu sein, am besten lässt man es gar nicht so weit kommen, weil man dann weniger leidet. So breitet sich die Meinung aus: Sei realistisch. Nur solange du selbständig leben kannst, fällst du keinem zur Last. Wenn das nicht mehr geht, geh rechtzeitig ins Altenheim, dann bist du für die Angehörigen keine Belastung. Zwar ist so ein Haus teuer, aber alle mögen dich, weil du so vernünftig bist. In Ländern, wo die moderne Zivilisation noch nicht die elementaren menschlichen Beziehungen zerstört hat, ist es anders. In Marokko, das ich oft besucht habe, gibt es überhaupt keine Altersheime. Die älteren Menschen werden geachtet und bleiben bis zuletzt in der Familie.

Phil Bosmans im Gespräch. Zahlreiche Menschen haben ihm ihre Sorgen und Leiden, ihr Kreuz anvertraut.

Über das Kreuz

*Haben Sie, Pater Bosmans, Freunde, die sich mit ihrem
Kreuz versöhnt haben und es in christlichem Geist
tragen?*

Ich hatte einen Freund, einen Behinderten, im Rollstuhl.
Er war sehr krank, aber auch sehr fröhlich. Er hatte
immer ein lustiges Mützchen auf dem Kopf. Er wohnte in
der Nähe einer Einrichtung für Behinderte, wo viele zur
ambulanten Versorgung hingekommen sind. Er tauchte
dort oft auf, um andere aufzumuntern. Die Behinderten
haben ihn sehr gern gehabt, sie warteten schon auf seinen
Besuch, um mit ihm sprechen zu können. Eines Tages traf
er dort einen jungen Priester, der erblindete und deswegen
Depressionen bekam. Mein Freund hat ihn wiederholt
gebeten, mit ihm zu gehen, wenn er spazieren fährt. Der
junge Mann hat das lange Zeit abgelehnt, schließlich ließ
er sich doch überreden. Unter dem Einfluss meines behinderten Freundes hat er sich allmählich von seinen Depressionen lösen können. Er verstand, dass er mit seiner eigenen Behinderung anderen Menschen helfen kann, vielleicht sogar besser als früher.

Eines Tages habe ich diesen Priester getroffen, er erzählte
mir folgende Geschichte: «Jesus hatte eine Schafherde,
eines Tages ging ein Schaf verloren. Jesus hat alle anderen
stehen lassen, um dieses eine zu suchen. Ein Jahr später
traf ein Mensch auf diese Herde und bemerkte ein Schaf,
das nicht richtig folgen konnte, es hinkte ein wenig hinter
der Herde her. Er fragte Jesus: ‹Ist das jenes Schaf, das letztes Jahr verloren ging?› – ‹Ja›, antwortete Jesus. ‹Warum
hast du es denn nicht vollständig geheilt?›, wollte der
Mensch wissen. Und Jesus gab zur Antwort: ‹Damit es
nicht noch einmal verloren geht.›»

9 ÜBER DIE EHE

Jetzt soll es um die Ehe gehen. Doch die erste Frage, die mir eingefallen ist, betrifft die Scheidungen. Warum gibt es so viele zur Zeit?

Ich verstehe das auch nicht. Manchmal nehme ich das mit schwarzem Humor: Vor der Hochzeit sagen zwei Verliebte, sie hätten sich zum Fressen gern; nach der Hochzeit bedauern sie, dass sie es nicht gemacht haben ... Heutzutage gibt es viel mehr Scheidungen als früher. Einer der Gründe ist, so denke ich, dass die Menschen nicht genügend Geduld miteinander haben. Sie sollten es aber lernen. Um den Führerschein zu bekommen, muss jeder Fahrstunden nehmen und dann eine Prüfung machen. Auch auf die Ehe sollte man sich vorbereiten. Der Mann sollte die Psychologie der Frau näher kennenlernen und umgekehrt. Oft entsteht auch Streit dadurch, dass einer der Partner meint, der andere hätte dies oder jenes gesagt oder getan, was er in der Wirklichkeit nicht gesagt oder getan hat. Ein Missverständnis ergibt das andere, die Streiterei wird immer heftiger, das Ende sind heillos zerrüttete Beziehungen.

Ist die Eheschließung vor dem Altar heute nur noch eine schöne Tradition?

Für viele Menschen ist Gott gestorben. Sie haben aufgehört zu glauben, sie brauchen also keine kirchliche Trauung. Die kirchliche Eheschließung wird zur Formsache, ähnlich wie die Erstkommunion. Man zieht ein schönes weißes Kleid an, lädt Gäste zum Fest ein, und das war's.

Ich habe öfter Brautpaare erlebt, wo eine Hälfte zwar eine kirchliche Trauung wollte, aber nach längerem Gespräch stellte sich heraus, dass es eher darum ging, die andere Hälfte nicht zu verlieren. Das bringt gar nichts. Wenn zwei Menschen heiraten, müssen sie wissen, dass es eine Bindung für immer ist und dass es sehr schwierig werden kann. Das Leben zu zweit ist leicht, wenn man frisch verliebt ist; da gibt es keine Schwierigkeiten. Man ist voneinander begeistert, man hängt zusammen, man macht alles zusammen. Das ist die Zeit der Oase. Aber danach kommt die Zeit der Wüste. Es kommen Krisen, zum Beispiel wenn der Mann seine Arbeit mehr liebt als seine Frau oder wenn eine schwere Krankheit, vielleicht eine Suchterkrankung, auftritt oder auch wenn die Ehe langweilig wird und die Partner anfangen, Abwechslung, etwas Neues zu suchen.

Und was dann, wie kann man eine Ehe retten?

Es braucht Geduld; man muss länger aushalten, als man es für möglich hält. Ich war eines Tages in einer Familie zu Besuch. Die Kinder waren im Bett, und die Eheleute fingen an, sich gegenseitig Vorwürfe zu machen. Als sie damit fertig waren, sagte ich zu dem Mann: «Sie müssen sehr gut in der Mathematik sein.» – «Woher wissen Sie das?», fragte er ganz erstaunt, «ich bin Lehrer für Mathematik.» Da gab ich ihm ganz offen zur Antwort: «Weil Sie ihre Frau wie eine mathematische Gleichung behandeln, wie zwei plus zwei gleich vier. Aber der Mensch ist keine rechnerische Größe, keine mathematische Gleichung, die immer aufzugehen hat. Liebe besteht nicht darin, dass der Mensch, den man liebt, genau das Gleiche tut, was wir wollen.»

Haben Sie auf diese Weise viele Ehen gerettet?

Vielleicht, ich weiß es nicht. Vor einer Woche, nach der Beerdigung von einem unserer Patres (er war aus dem Kongo zurückgekommen), sprach mich ein Ehepaar an, sie dankten mir und sagten, ich hätte ihre Ehe gerettet. Ich konnte mich an die Geschichte der beiden überhaupt nicht mehr erinnern, was mir peinlich war. Irgendwann einmal muss ich ihnen geholfen haben. Tatsache ist, dass ich viele Stunden mit Ehepaaren gesprochen haben, die sich scheiden lassen wollten. Aus all diesen Erfahrungen entstand dann schließlich das Buch «Zum Glück zu zweit».

Meinen Sie, dass die Ehe auf jeden Fall «für immer» sein muss? Gab es nie eine Situation, wo Sie gesagt haben: «Es ist besser, wenn sie sich trennen»?

Doch, das gab es. Ein Mann hat mich sogar beschuldigt, ich hätte seine Ehe kaputt gemacht. Er hat dem Bischof einen Brief geschrieben, dass ich Ehescheidungen befürworten würde. Tatsächlich hatte ich der Frau gesagt, in ihrem Fall wäre eine Trennung die beste Lösung. Jener Mann hatte selber zugegeben, dass er imstande wäre, seine Frau umzubringen. Er hatte zu seiner Frau gesagt, dass unter dem Bett eine Axt wäre, und wenn sie nicht mit ihm ins Bett ginge, würde er sie umbringen. Ich kenne ein wenig die Menschen, ich wusste, dass es tatsächlich zu solch einer Tragödie kommen könnte. Es gibt Situationen, in denen das Leben in einer Ehe nicht mehr möglich ist, und ich denke doch, das Leben ist wichtiger. So ist es auch, wenn die Eheleute sich hassen, beschimpfen und schlagen, sogar in Gegenwart der Kinder. Ich meine, es wäre besser für die Kinder, wenn sie das nicht mit ansehen müssen. Viele Ehen gehen aber in die Brüche, weil die Eheleute einfach enttäuscht und gelangweilt sind.

Warum ist die Ehe so wichtig?

Weil sie ein Geheimnis der Liebe ist, in dem Gott anwesend ist. Gott hat Menschen in die Hände von Menschen gegeben. Eheleute leben aus gegenseitigem Vertrauen, aus gegenseitiger Hingabe, und so gehen sie ihren gemeinsamen Weg durchs Leben, in guten wie in schlechten Zeiten. Die Ehe ist auch für das Kind wichtig. Kinder aus zerbrochenen Ehen leiden, sie bekommen Probleme, an Liebe zu glauben. In einer Familie, in der trotz allem und im Grunde Liebe herrscht, kann man vieles hinnehmen und aushalten. Wenn dagegen die Liebe fehlt, leiden alle Glieder der Familie, alle werden schwächer und anfälliger, bei Schwierigkeiten des Lebens zu zerbrechen.

Enttäuschung und Langeweile sind für Sie kein Argument, dass Verheiratete sich trennen. Dennoch ist das oft die Folge von fehlender Liebe, von ausgebrannten Gefühlen. Lohnt sich also, eine Ehe ohne Liebe fortzusetzen?

Liebe wird vielfach mit Gefühl verwechselt. Liebe, das ist mehr. Man kann nicht mehr nur an sich denken. Lieben ist auch wollen und wünschen, dass es dem Menschen, mit dem ich zusammen lebe, gut geht, dass ihm von mir nur Gutes widerfährt. Übrigens glaube ich auch, dass die Gefühle von einst wiederkommen können, wenn man sich um Liebe bemüht, wenn man kämpft und nicht aufgibt und wenn man genug Geduld hat. In schwierigen Zeiten muss man sich an die erste Zeit erinnern, an die ersten Monate, als man verliebt war. Dieser Spur soll man folgen. Diese Erinnerungen muss man wieder aufleben lassen. Liebe muss man pfleglich behandeln, aus kleinen Anlässen ein Fest machen. Die Ehe ist ein Geheimnis. Warum dieser Mann und kein anderer? Diese Frau und keine andere? Ich glaube, dass Gott jeden Menschen durchs Leben führt, dass er jedem Menschen den Weg der Liebe zeigt, der für ihn bestimmt ist. Voraussetzung ist freilich ein Zusammengehen mit Gott. Oft haben Menschen Angst, sich zu binden und vor Gott in der Kirche zu versprechen, treu zu sein, in jeder Situation, in guten wie in schlechten Tagen. Ich kenne aber Eltern, die ein behindertes Kind bekommen haben, und das hat die Eltern nicht zerbrochen, im Gegenteil, sie lieben es und werden es nie verlassen. Ich kenne ein junges Mädchen aus Mecheln, es heiratet demnächst einen Mann, der im Rollstuhl ist. Dazu gehört viel Mut, denn sie weiß doch, dass eine Ehe nicht nur für ein paar Monate ist. Woher hat sie diesen Mut? Ich kann es mir nicht anders erklären als durch Gottes Gegenwart.

Ist Treue Bedingung für die Liebe? Ich habe das Gefühl, dass die Tugend der Treue heutzutage vielfach ins Lächerliche gezogen wird.

Ich denke, dass die Menschen treuer sind und Treue für wertvoller halten, als es den Anschein hat. Freilich wimmelt es in Film und Fernsehen nur so von Seitensprüngen, Ehebrüchen, von Beziehungen, die nur der Befriedigung im Augenblick dienen und zu nichts verpflichten. Dadurch kann sich natürlich die Meinung verbreiten, das sei normal, so lebe man heute. Untreue wird zu einer gefährlichen Mode. Aber Liebe ohne Treue ist eine Lüge. Liebe und Treue sind die Früchte des gleichen Baumes, der manchmal aussieht wie ein Kreuz. Sie reifen langsam in der Sonne und im Regen und manchmal im Sturm, aber einmal gereift, wird durch sie das gemeinsame Leben ein Fest. Treue strahlt aus. Wenn die Eltern treu sind, kommt das auch den Kindern zugute.

Ein Ehebruch ist schwer zu verzeihen. Aber wenn trotz aller erwiesenen Liebe und Geduld der Ehepartner immer noch fremdgeht?

Verzeihen ist oft nur dann möglich, wenn der Partner oder die Partnerin wirklich zur Ehe zurück will. Verzeihen ist nicht einfach, weil wir in der Regel nicht verstehen, warum der geliebte Mensch so etwas gemacht hat. Wir möchten ja gern verzeihen, und doch gibt es innere Barrieren, die sich kaum überwinden lassen. Es ist ein schwerer Kampf, aber wenn du nicht verzeihst, baust du eine Mauer um dich.

Man muss miteinander reden, eine Ehe kann nicht ohne das Gespräch miteinander existieren. Gott hat dem Menschen das Wort gegeben, damit er mit den anderen Menschen in Kontakt kommen kann. Wenn man in der Ehe redet, wird die Gemeinsamkeit und die Einheit gestärkt. Dazu gehört für gläubige Menschen auch das gemeinsame Gebet. Wenn die Eheleute miteinander reden und auch über den tieferen Sinn ihres Lebens sprechen, dann bilden sie nicht nur körperlich eine Einheit, sondern auch geistig, spirituell. Eine nur körperliche Beziehung kann niemals eine dauerhafte Basis für die Ehe sein.

Und was sagen Sie einem Menschen, der sich, trotz Ehe, in jemand anderen verliebt hat? Er will seine Ehe nicht zerstören, aber die Gefühle sind irgendwo anders ...

Das hängt von der konkreten Situation ab, aber im Gegensatz zu vielen anderen Priestern rate ich oft, die Bekanntschaft nicht abzubrechen. In der Ehe sollen die Menschen frei sein. Es geht mir um die Freiheit, deren Grundlage das Vertrauen ist. Wenn einer der beiden Ehepartner sich in jemand anderen verliebt, dann lässt sich so eine Situation überstehen, wenn zwischen den Ehepartnern gegenseitiges Vertrauen herrscht. Eine gewisse Freiheit ist unerlässlich. Dann sollte der zweite der beiden Ehepartner versuchen zu verstehen und Geduld haben.

Eines Tages hat mir eine verheiratete Frau gebeichtet, dass sie sich verliebt hätte. Der andere Mann hat sie jeden Tag angerufen, manchmal sogar mehrmals. Sie wusste nicht mehr ein noch aus und fing an, sogar an Selbstmord zu denken. Sie hatte ein Sportauto und wollte damit einen Unfall verursachen. Einerseits wollte die ihren Ehemann und ihr Kind, die sie liebte, nicht verlassen, anderseits liebte sie aber auch diesen anderen Mann. Die meisten Pfarrer sagen in so einem Fall: «Sie müssen diese Bekanntschaft beenden, Schluss damit.» Ich habe so etwas nie gesagt. Ich sagte zu ihr: «Es braucht Geduld. Sie müssen überlegen, wie Sie dem anderen Mann erklären, dass Sie Ihren Ehemann und Ihr Kind nicht verlassen wollen. Er wird das nicht verstehen, aber wenn Sie an Ihrem Entschluss festhalten und er dennoch beteuert, auf Ihre Bekanntschaft nicht verzichten zu können, dann lässt sich diese Bekanntschaft vielleicht in eine Freundschaft verwandeln.» Nach Jahren habe ich diese Frau wieder getroffen. Sie war glücklich, dass sie bei ihrem Ehemann geblieben ist, und der andere Mann hat schließlich jemand anderen gefunden, und alle sind heute zufrieden. Die Bekanntschaft damals abzubrechen, hätte bedeutet, den Gefühlen Gewalt anzutun, es hätte Verletzungen und Wunden hinterlassen. Niemand hat seine Gefühle vollkommen im Griff, man kann sie nicht auf Befehl abschalten. Es braucht Geduld, Zeit, Bedenkzeit. Zum Menschsein gehört Freiheit, auch in der Ehe. Wahre Freiheit garantiert ihren Bestand.

Glauben Sie an Freundschaft zwischen einer Frau und einem Mann?

Ja, daran glaube ich. Trotz der verbreiteten Meinung, dass so etwas unmöglich sei, finde ich, dass es Freundschaft zwischen einer Frau und einem Mann durchaus geben kann. Heute kommt es ja nicht so selten vor, dass Ehepartner, die sich getrennt haben, sich trotzdem treffen und weiter befreundet sind. Freundschaft zwischen einer Frau und einem Mann ist schwierig, aber möglich. Man muss wissen, was hier Freundschaft bedeutet. Man muss immer miteinander reden, ehrlich sein und aufpassen, dass nicht eine der beiden Seiten Freundschaft nur als Mittel zu einem anderen Zweck ansieht ... Die Freundschaft besteht darin, alles zu tun, dass der andere Mensch glücklich ist, und ihm zu helfen, wenn er Hilfe braucht. Mit der Freundschaft ist es so wie mit der Liebe. Niemand vermag sie letztlich zu definieren oder zu sagen, worin sie besteht. Das ist auch ein Geheimnis.

Ist in Europa, im Westen, noch so etwas wie eine Neuentdeckung des Sinnes von Ehe möglich?

Es braucht eine gewisse Umkehr in der Erziehung. Hier ist schon eine ganze Generation in der Überzeugung groß geworden, dass der Mensch so gut wie alles machen kann und machen darf, dass das Leben Spaß machen muss, dass man es möglichst genießen soll. Diese Generation ist der Meinung, dass alles, was früher war, schlecht war. Ich bin aber kein Pessimist. Jetzt gibt es eine Krise der Ehe, aber die Geschichte der Menschheit bestätigt doch immer wieder, dass nach einer Krise auch immer wieder eine Phase der Besinnung, der Neuorientierung kommt. Jetzt sieht man schon, dass Kinder aus geschiedenen Ehen manchmal etwas anderes wollen. Sie wollen nicht, dass ihre Kinder einmal genauso leiden wie sie selbst. Sie entdecken neu die Grundwerte von Ehe und Familie.

Gute Freundinnen –
sie gehören für Phil Bosmans zum Leben ganz selbstverständlich dazu.

Bedroht das moderne Sexverhalten die Ehe, oder hat eher der Sex seinen richtigen Platz in der Ehe gefunden?

Jede Art von Übertreibung ist vom Übel. Früher wurde die Sexualität des Menschen verdrängt und unterdrückt, heute wird sie zur Schau gestellt. Es ist gut, dass die Sexualität aus der Dunkelkammer herausgeholt wurde, aber sie ist kein Ziel an sich. Frauen, die es mit jedem gemacht haben, haben selber in Gesprächen mit mir zugegeben, dass es kein Glück bringt, dass eine gewisse Unruhe bleibt. Sex bringt Freude, wenn es in wahrer Liebe geschieht. Sexualität ist auch ein Geschenk von Gott. In den sechziger Jahren fing die sexuelle Befreiung an. Ein Argument dafür war, es würde weniger Vergewaltigungen geben. Heute sehen wir, dass so etwas immer noch passiert. Warum? Die sogenannte sexuelle

Befreiung hat diese schrecklichen Gewalttaten nicht beseitigt. Nach Jahren der «Freiheit» beobachte ich bestimmte Veränderungen. Wurde früher Sex schnell mit Verboten und mit Sünde in Verbindung gebracht, ist das jetzt ins Gegenteil umgeschlagen. Jetzt hat Sex anscheinend nichts mehr mit Moral zu tun, und alles ist erlaubt, wozu man Lust hat. Freilich zeichnet sich auch bereits wieder eine gewisse Gegenbewegung ab. Immer mehr junge Menschen fangen an, über Sexualität anders zu denken als noch ihre Eltern.

Wenn wir schon über die Ehe sprechen, dann will ich auch nach dem Zölibat fragen. Was bedeutet er für Sie?

Zölibat ist eine Entscheidung zur Freiheit. Mit Leib und Seele will ich frei sein für den priesterlichen Beruf, den ich als eine Berufung von Gott empfinde. Als Priester habe ich mich entschlossen, Gott und den Menschen zu dienen. Dafür möchte ich frei sein. Wäre ich verheiratet, könnte ich nicht so frei sein. Dann würde ich auch ein guter Ehemann und Vater sein wollen und müsste mich auch um Frau und Kinder kümmern. Unverheiratet bin ich freier für den Dienst an den Menschen. Hätte ich eine Familie gehabt, hätte ich ganz sicher niemals das machen können, was ich gemacht habe.

Aber als ein verheirateter Mann würden Sie vielleicht noch besser die Probleme der Eheleute verstehen ...

So argumentieren alle Journalisten: «Was wissen Sie schon von Eheproblemen, Sie waren doch nie verheiratet.» Ich antworte dann mit einer Gegenfrage: «Muss ein Arzt, um alle Krankheiten zu kennen, alle selber gehabt haben?» Vielleicht kann ich die Eheprobleme sogar besser verstehen. Denn wenn ich verheiratet wäre, würde ich vielleicht alles nur aus meiner Perspektive sehen. Jetzt kenne ich die Probleme von vielen Menschen, so wie sie von vielen verschiedenen Menschen erlebt wurden, mit denen ich gesprochen habe. Der Zölibat hilft mir, die Menschen besser zu verstehen. Ich verstehe aber auch die Priester, die mit einem zölibatären Leben große Probleme haben, die damit nicht zurechtkommen ...

Heißt das, dass man den Zölibat abschaffen sollte?

Ich bin der Meinung, dass der Zölibat freiwillig sein soll. Eine völlige Aufhebung des Zölibats löst das Problem der «gefallenen» Priester nicht und hilft auch nicht gegen den Mangel an Priesterberufungen in den westlichen Ländern. Das gleiche Problem haben doch auch die Protestanten, die den Zölibat nicht kennen. Bei uns gibt es eine Krise, den Sinn des Zölibats zu verstehen, und das hängt mit dem geistigen und dem gläubigen Klima zusammen. Auf den Philippinen gibt es keinen Mangel an Priesterberufungen ...

Was würden Sie wählen, Zölibat oder Ehe, wenn Sie so eine Wahl hätten?

Ich denke, den Zölibat, doch ganz so sicher bin ich mir nicht ... Ich gebe zu, es ist eine schwere Entscheidung. Liebe hat verschiedene Gesichter. Mir hat die Vorbereitungszeit für das Ordens- und Priesterleben keine Schwierigkeiten gemacht. Andere sagten damals, dass es für sie nicht leicht sei. Für mich wurde es etwas später schwer, aber ich würde es nicht als Krise bezeichnen. Man muss sich an das halten, was Gott will, und immer versuchen, das für sich herauszufinden. Dabei hat mir mein Sinn für Humor geholfen ...

Heute würde ich gerne über das Kind reden. Vielleicht auch deswegen, weil ich seit einigen Wochen selbst ein Kind erwarte, einen kleinen Stas oder eine kleine Stasia in mir trage. In allem, was Sie schreiben, spielt das Kind eine große Rolle, so als ob das Kind den Menschen sein Leben lang begleitet …

Weil das Kind ein Wunder ist. Das Kind ist in uns stets gegenwärtig. Weißt du, dass es eine dreifache Geburt gibt? Die erste ist die Empfängnis. Die zweite geschieht, wenn das Kind auf die Welt kommt. Das Neugeborene weint, weil es sich im Mutterleib wohlfühlte, da war es in warmer Geborgenheit, und jetzt muss es heraus in die kalte Welt, die es nicht kennt. Die dritte Geburt ist der Tod, der Übergang in die Welt der Ewigkeit. Jetzt weinen die anderen, jene, die zurückgeblieben sind. Bei dieser Geburt wird der Mensch in gewissem Sinne ganz frei. Manchmal überlege ich, ob es möglich sei, jene jetzt zu kennen, die wir zu Lebzeiten geliebt haben und auf welche Weise. Manche meinen, sie könnten mit den geliebten Toten Verbindung aufnehmen …

Unser Kind wurde mit der Hilfe der Klinik gezeugt. Ist das eine schlechtere Empfängnis? Stört Sie das?

Nein, weil du jetzt schon dieses Kind liebst. Empfängnis, so denke ich, heißt: Die Liebe zweier Menschen ruft einen neuen Menschen ins Leben, sie nehmen ihn in ihr Leben auf. Euer Kind ist sehr erwartet. In unseren Ländern mit einer hoch entwickelten Medizin gibt es zunehmend Kinder, die mit Hilfe ärztlicher Kunst gezeugt werden, wenn der Kinderwunsch sich anders nicht erfüllen lässt. In den Entwicklungsländern geschieht das auf natürlichere Weise, auch diese Kinder sind gewünscht. Überall, wo ein Kind aus Liebe entsteht, ist es ein Geschenk. Die Medizin kann Eltern, die sich lieben, viel helfen, aber man darf dabei nicht zu weit gehen und zum Beispiel darüber entscheiden wollen, ob es ein Junge oder ein Mädchen sein soll.

Ich vermute, dass Sie gegen den Schwangerschaftsabbruch sind. Gibt es keine «mildernden Umstände»?

Schwangerschaftsabbruch ist etwas Unerhörtes! Lebenszelle wird Todeszelle. Der Ort des Lebens wird zum Ort des Todes. Das ist so, als ob man aus dem Mutterleib einen Sarg machen würde. Ich bin entschieden gegen den Schwangerschaftsabbruch. In Belgien gab es vor Jahren eine heftige Diskussion über dieses Thema. Ich habe damals wiederholt meinen Standpunkt erklärt und von vielen Menschen Briefe bekommen, die mir zustimmten. Es gibt sehr schwierige Lebensumstände, die an solch einen tödlichen Ausweg denken lassen. Zum Beispiel, wenn eine werdende Mutter eigentlich das Kind austragen möchte, aber ganz allein dasteht und sich mit allem, was dann auf sie zukommt, menschlich und auch finanziell völlig überfordert fühlt. Wir haben öfter so vermitteln können, dass sie das Kind zur Welt bringt und dann zur Adoption frei gibt. Schwangerschaftsabbruch wird auch dadurch zur Tragödie, dass die Mutter auch nach vielen Jahren immer noch an das Kind denkt, das sie nicht geboren hat. Es stimmt nicht, dass sich solch ein Schritt nicht auch auf das seeli-

Hier nimmt der junge Phil Bosmans seine kleine Nichte, der er verschmitzt seine große Brille aufgesetzt hat, buchstäblich auf den Arm.

sche Leben auswirken würde. Ich kenne viele Frauen, die eine Schwangerschaft abgebrochen haben und später sehr darunter gelitten haben. Ständig quälte sie die Frage: «Warum habe ich das bloß gemacht?» und führte bei ihnen zu Depressionen. Natürlich verurteile ich sie nicht. Wenn eine Frau von der Familie und von der Gesellschaft allein gelassen wird, kann sie nicht auch noch bestraft werden, dass sie solch einen Ausweg gesucht hat. Ich kann sie verstehen. Anders sieht es bei jenen aus, denen es im Grunde gut geht, denen aber ein Kind «ausgerechnet jetzt» ihre

Über die Kinder

Karriere oder Reisepläne oder auch nur ihre Bequemlichkeiten durcheinander bringen würde ... Abtreibung ist und bleibt ein Wahnsinn.

Lassen Sie die Möglichkeit des Schwangerschaftsabbruches zu, falls bei pränatalen Untersuchungen eine zu erwartende Behinderung festgestellt wird?

Man muss sie akzeptieren. Ich kenne Leute, die ihr behindertes Kind mehr lieben als andere ein kerngesundes. Das wichtigste ist die Liebe, immer und in jedem Fall.

Und wenn ein Kind «durch Zufall» gezeugt wird und gar nicht gewünscht wurde?

Das ist nicht gut. Ein Kind sollte nicht die unerwünschte Folge einer flüchtigen Leidenschaft sein, auch nicht das Produkt von zwei Egoisten, die keinen Sinn für Verantwortung haben. Ein Kind braucht Liebe und Wärme. Jeder Mensch, der in die Welt kommt, hat ein unveräußerliches Recht auf einen Vater und auf eine Mutter. Recht auf ein Zuhause, Recht auf Liebe, Recht auf menschliche Wärme, Recht auf Geborgenheit. Dieses Recht wird leider zu oft gebrochen. Das geschieht auch dadurch, dass Männer ihre Frauen und Kinder tyrannisieren und misshandeln oder einfach weggehen und im Stich lassen.

Haben Sie solchen Frauen geholfen?

Ich bemühte mich um eine eigene Einrichtung für alleinstehende Mütter, für verzweifelte Frauen mit ihren Kindern. Zu Hause wurden sie vom betrunkenen Mann geschlagen

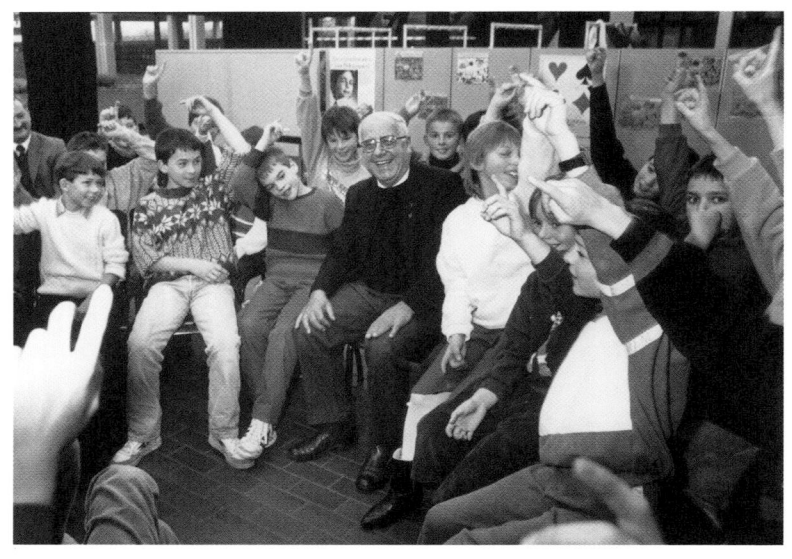

Die Fröhlichkeit von Phil Bosmans wirkt ansteckend, besonders auf Kinder. Die Aufnahme entstand 1987.

und die Kinder nicht so selten sogar sexuell missbraucht. In dem Gebäude – es war früher ein großes Kloster – wohnen heute insgesamt 180 Frauen und Kinder. Es war mein letztes Projekt. Zur Einweihung 1990 ist sogar ein Minister gekommen. Ich habe ihm damals öffentlich gesagt, dass wir das machen, was er hätte machen sollen.

Die Notwendigkeit für eine solche Einrichtung ergab sich aus der Erfahrung in unserem Frauenhaus. Eigentlich für Frauen aus dem Gefängnis oder der Prostitution vorgesehen, wurde es immer öfter von Frauen mit Kindern in zerrütteten häuslichen Verhältnissen aufgesucht. Bei einem Kind ging es zur Not, aber bei mehreren wurde es problematisch. Da fand ich in Antwerpen ein sehr günstig in der Stadtmitte gelegenes Kloster, ideal für unsere Zwecke: viele Räume, ein großer Garten, das Ganze von einer Mauer

　　　　　　　　　Über die Kinder

Kinder der Roma auf dem Standplatz in der Nähe von Antwerpen, den Phil Bosmans gegen große Widerstände 1974 durchgesetzt hat.

umgeben; dahinter würden die Kinder sicher vor dem Straßenverkehr spielen können. Das Kloster gehörte einem Schwesternorden aus Brüssel, wurde aber kaum mehr genutzt. Zuerst wollten die Schwestern neun Millionen Belgische Francs haben (heute umgerechnet ungefähr eine viertel Million Euro). Als sie hörten, wofür ich es brauchte, gingen sie auf sechs herunter, aber auch das konnte ich nicht bezahlen. Da rief ich die Oberin an und sagte: «Dieses Kloster wurde schon einmal bezahlt.» Sie wunderte sich, also erklärte ich ihr: «Das Kloster wurde einst mit den Spenden vieler einfacher Menschen gebaut. Da ich das Geld nicht habe, müsste ich jetzt wiederum viele einfache Menschen bitten.» Ich habe betont, dass wir genau dasselbe Ziel wie ihr Orden verfolgen, nämlich Menschen in Not zu helfen; das könnte doch nur in ihrem

Interesse sein, und sie sollte uns das Ganze schenken. Darauf erwiderte sie, dass sie das nicht selber entscheiden könnte. Nach ein paar Wochen bekam ich die Antwort, dass die Schwestern einverstanden sind. So bekam ich das Kloster gratis und noch eine Schwester dazu, die in unserer Einrichtung arbeiten wollte.

Damit waren die Probleme aber noch nicht zu Ende. Hinter dem Kloster gab es ein ebenfalls von Ordensschwestern geführtes Altenheim. Das Gelände dieses Hauses reichte so dicht an das Kloster, dass wir nicht den gesetzlich vorgeschriebenen Abstand von fünf Metern zu einer Hauswand mit Fenstern hatten. Sonst durften die Fenster nicht aufgemacht werden. Ich bat also die Schwestern, uns den benötigten Streifen ihres Geländes zu verkaufen, aber sie waren schwer zu überzeugen. Darauf kam es zu einem Treffen mit der zuständigen Oberin in Brüssel. Ich wartete im Sprechzimmer. Auf dem Tisch lag ein Buch der Gründerin, ich blätterte darin und las, dass man alles für die Armen machen sollte. Die Oberin, eine Spanierin, kam mit einer zweiten Schwester aus Belgien und sagte, es solle alles so bleiben, wie es ist. Ich antwortete, das sei unmöglich. Die Frauen, die dann in unserem Haus wohnen werden, müssten sich wie im Gefängnis fühlen und würden überlegen, warum sie die Fenster nicht aufmachen dürften. Soll ich ihnen dann die Wahrheit sagen: Die Schwestern hätten verboten, die Fenster aufzumachen? In dem Augenblick standen die beiden auf und wollten gehen. Ich habe mich nicht von der Stelle bewegt und bin sitzengeblieben. Dann bat ich sie, ob sie wenigstens einen Brief in dieser Sache nach Frankreich an die Generaloberin schreiben könnten. Das versprachen sie. Ein paar Tage später rief mich die belgische Schwester an,

Über die Kinder

wir unterhielten uns auf Flämisch (das Gespräch in Brüssel war auf Französisch). Sie las mir im Vertrauen den Brief vor, den sie geschrieben hatten. Darin stand: «Pater Bosmans wird die Fenster sowieso aufmachen, ohne die Rücksicht auf die Entscheidung der Generaloberin. So wie er es immer macht, wenn es um das Wohl der armen Leute geht. Er berief sich dabei auf unsere Gründerin ...» Einige Wochen später kam die positive Antwort aus Frankreich. So kamen wir zu einem Streifen Grundstück von den Schwestern.

Was meinen Sie, warum werden in unserer Gesellschaft immer weniger Kinder geboren? Die Politiker schlagen Alarm, dass in einigen Jahrzehnten immer weniger Jüngere nicht in der Lage sein werden, für den Unterhalt von immer mehr älteren Menschen aufzukommen, aber trotzdem ändert sich nichts.

Das ist eine Form des Egoismus. Die Menschen denken nur an sich. Sie wollen das Leben genießen ...

Manchmal haben sie Angst, dass sie es nicht schaffen, weil ihre Situation schwierig ist. So war es auch bei mir ...

Du hast dich aber etwas später anders entschieden, ein wenig im letzten Moment, aber immerhin. Man muss Vertrauen haben, letztlich auch das Vertrauen, dass sich Gott, wenn ein Kind auf die Welt kommt, schon irgendwie darum kümmern wird. Ich kenne viele Fälle, wo es den Menschen schlecht ging, aber wenn sie vor dem Leben nicht geflüchtet sind, dann wurde alles besser.

Stasia, die neugeborene Tochter von Katarzyna Szymańska-Borginon, auf dem (gesunden) linken Arm von Phil Bosmans.

Hätten Sie auch gerne Kinder gehabt?

O ja, sehr gerne. Aber ich habe nie überlegt, wie viele … Als Priester habe ich ja nicht die Möglichkeit, eine Familie zu gründen und Kinder zu bekommen. Aber als Priester bin ich doch auch so etwas wie ein Vater, ein Vater für viele Menschen.

Sie sprachen von einer zweiten Geburt, der Geburt im eigentlichen Sinne. Warum sagen Sie, dass ein Kind, das auf die Welt kommt, in eine ihm fremde Welt kommt? Nur weil es sie nicht kennt?

Über die Kinder

Alles hängt von den Menschen ab, die sich um das Kind kümmern. Aber in unserer Gesellschaft ist das Kind ein weithin vergessener Wert. Für viele Menschen in unserer Konsumwelt sind andere Dinge viel wichtiger als ein Kind. Darum gibt es in der modernen Welt keinen Platz für das Kind. In Luxuswohnungen und Hochhäusern finden Kinder niemanden zum Spielen. Das Auto hat sie aus den Straßen vertrieben. Eltern haben so viel zu tun, dass sie die Kinder allein vor dem Fernseher sitzen lassen. Schlimm sind die Wunden, die Ehescheidungen bei den Kindern hinterlassen. Vielfach werden Kinder bei uns zu Ballast. Ganz anders ist das in den armen Ländern. Dort sind Kinder ein Reichtum. Hier sind die Menschen reich, sie haben Villen, Autos und machen Urlaub, sie brauchen keine Kinder. In der Politik wird oft der Eindruck erweckt, das Wohlergehen und die Zukunft der Kinder hänge vor allem vom Geld ab. Entscheidend aber ist die Liebe der Eltern, der Erzieherinnen und Erzieher, der Menschen, die mit ihnen umgehen.

Wenn die Stadt eine Bedrohung für das Kind ist, wäre es dann nicht besser, wenn Kinder auf dem Land aufwachsen?

Ich wurde auf dem Dorf geboren und könnte mir nicht vorstellen, in der Stadt groß geworden zu sein, wo ein Kind vor allem Asphalt und Beton sieht. Auf dem Land hatten wir Wald mit Bäumen, auf die man klettern und manchmal sogar herunterfallen konnte. Das war ein Abenteuer. Als Junge bin ich jeden Sonntag in den Wald gegangen und habe Eichhörnchen gejagt …
Wenn ein Kind in seinem Zimmer in einem Hochhaus, zehnter Stock, eingesperrt lebt, ist nicht nur sein Lebensraum eingeschränkt, sondern auch seine Fantasie, die Frei-

heit seines Geistes. Das Kinderzimmer ist mit Spielzeug vollgestopft. Es wundert mich nicht, wenn ein Kind Spielsachen kaputt macht, es hat zu viel, sie sind zu kompliziert, es braucht sie nicht. Gib einem Kind ein wenig Sand und eine Schaufel, das reicht ihm. Am Strand habe ich gern die Kinder beobachtet, wie sie Burgen aus Sand bauen. Die Kinder brauchen Abenteuer, wollen selber die Welt entdecken. Weißt du, dass in Belgien manchmal schon Kinder zum Psychiater gehen müssen? Traurig.

Was ist das Wichtigste in der Erziehung eines Kindes?

Dass es sich verstanden, angenommen, geliebt fühlt. Dem Kind muss man vor allem Liebe geben. Selbst wenn sie manchmal sogar mit einem Klaps verbunden ist. Heutzutage darf man das nicht, das halte ich für übertrieben. Ein Kind muss auch merken, dass es Grenzen und Gefahren gibt und dass nicht alles gut ist, was es für gut hält. Wenn ihm alles erlaubt wird, meint es, es könne alles machen. Am Ende werden dann die Eltern zu Opfern des Egoismus der eigenen Kinder. Erziehung ist Entwicklung von Leib und Seele, von Geist und Charakter, von Herz und Gemüt, Entwicklung des ganzen Menschen, Vermittlung der Werte, die dem Leben den Sinn verleihen.

Kann man einem kleinen Kind von Gott erzählen? Versteht es das?

Kinder verstehen Gott besser als Erwachsene. Wenn du dem Kind zum Beispiel von Josef erzählst, den man als Sklaven verkauft, dann wird es gespannt zuhören. Die Geschichten in der Bibel interessieren Kinder sehr. Wenn du aber vorliest und selbst nichts davon hältst, das merkt ein Kind, dann hat es keinen Sinn. Kinder haben einen wunderbaren Glauben, und wie sie beten! Ich habe das oft erlebt. Sie glauben viel besser als wir, die Erwachsenen.

Was heißt «besser»?

Das bedeutet: ohne sich zu viele Fragen zu stellen. Voll Vertrauen und ehrlich. Dann ist der Mensch der Wahrheit am nächsten. In diesem Sinne hat Jesus zu den Jüngern gesagt, die die Kinder wegjagen wollten: «Wenn ihr nicht werdet wie Kinder, kommt ihr nicht ins Reich Gottes.» Erwachsene machen alles kompliziert. Wenn du alles in Frage stellst, bleibt dir am Ende nichts.

Wenn wir von den Kindern lernen sollen, meinen Sie, Pater Bosmans, dass mich die Geburt eines Kindes verändert?

Ja. Das wirst du deutlich merken, wenn es anfängt, Fragen zu stellen. Du beginnst, anders zu denken. Ein Kind kann zum Beispiel am Abend, wenn sich manche Blumen schließen, fragen: «Wer hat diese Blume zugemacht?» Was wirst du ihm antworten?

Einmal bin ich mit meiner zehnjährigen Nichte Veronika in den Bergen gewandert und wurde unsicher, ob wir auch auf dem richtigen Weg sind. Auf einmal flog vor uns ein Schmetterling. Da sagte Veronika: «Hat Gott uns diesen Schmetterling geschickt, damit er uns den richtigen Weg zeigt?»

Das ist sehr schön. Sie glaubt das. Kinder können uns viel beibringen, aber das heißt natürlich nicht, dass wir kindisch werden sollen. Wir sprachen vorhin von einer dritten Geburt. Mit jedem Tag kommen wir ihr ein Stückchen näher. Es ist die endgültige Begegnung mit Gott. Bei dieser dritten Geburt muss man eben wie ein Kind sein, unterwegs zu ihr mit dem Vertrauen eines Kindes. Wir alle haben hier auf der Erde nur eine begrenzte Zeit, die man nicht verlängern kann. Deswegen ist es besser, in der Sonne zu parken und mit dem Leben zufrieden zu sein. Obwohl wir hier auf Erden Gott nicht mit unseren Augen sehen, leben wir doch mit ihm und werden am Ende ganz mit ihm vereint, so wie Kinder in die liebenden Arme ihres Vaters fallen.

Über die Kinder

Vor dem Fenster blüht wunderschön ein Magnolien-
baum. Der Frühling kommt hier ins Zimmer herein ...
Welche Jahreszeit lieben Sie am meisten?

Den Frühling eben. Diese Magnolie ist wie ein feierlicher
Gottesdienst, wie ein Halleluja. Wunderbar! Frühling ist
die schönste Zeit des ganzen Jahres. Als ich in Südamerika
war, in den Tropen, stellte ich fest, wie schwer es für mich
wäre, dort immer zu wohnen, weil die Natur das ganze
Jahr hindurch fast gleich ist. Hier können wir mit den Jahreszeiten leben. Hier gibt es jedes Jahr Frühling, Sommer,
Herbst, der so viele Farben hat, und schließlich Winter. Im
Frühling wird alles neu geboren. Sieh draußen die Zweige
des Baumes. Noch vor einer Woche waren sie wie tot, jetzt
sprießen überall Blättchen, bald ist alles grün. Im Frühling
meldet sich bei uns das Leben am intensivsten.

Möchten Sie, dass es nur Frühling gibt?

Nein. Ich mag den Frühling, aber mir gefallen auch andere Jahreszeiten. Früher hielt es mich niemals lange hier im
Kloster, ich war immer auf Achse. Heute ist das anders. Ich
sitze hier, mir bleibt nichts anderes übrig. Wenn ich aber
durch das Fenster diese blühende Magnolie sehe, denke
ich, das reicht schon aus, um an etwas über uns zu glauben. Die Magnolie ist zwar kein Mensch, sondern eine
Pflanze. Aber sie lebt und ist so wunderschön; da muss
doch jemand sein, der wollte, dass es sie gibt. Ganz ähnlich geht es mir mit einem Krokus. Er blüht, wenn der

Winter geht. Gott ist es, der mit seiner Hand diese Blume gepflanzt und zum Blühen gebracht hat. Ein einziger blühender Krokus sagt dir mehr über die Natur als tausend Worte. Dazu braucht man aber Augen, die das sehen, und man muss auch zuhören und mit den Blumen und Bäumen reden können.

Sie sprechen mit den Bäumen und den Blumen?
Was sagen Sie ihnen denn?

Früher habe ich mal geschrieben: «Wer mit einem Baum sprechen kann, braucht nicht zum Psychiater. Nur meinen die meisten Menschen das Gegenteil.» Einen Baum muss man bewundern können, man muss ihm sagen, wie schön er ist. «Sag ihm, wie stark sein Stamm ist und dass in seinen Ästen Sonne spielen kann. Schau ihn einmal ganz genau in Ruhe an und lausche. Du wirst ihn hören können. Vielleicht zum ersten Mal in deinem Leben wirst du ihn hören.»
Man muss auch mit den Blumen reden, die man zu Hause hat. Es ist sehr traurig, wenn man Blumen hat, sie aber nicht pflegt und sie dann sterben. Blumen können unser Leben verändern, weil sie etwas zu sagen haben. Sie haben zwar keinen Mund, aber trotzdem etwas zu sagen. Vor allem sagen sie: Leben ist lebenswert. Hast du den Kaktus an der Treppe gesehen? Ich habe mich mal ziemlich verletzt, als ich ihn nicht vorsichtig genug in die Hand genommen habe. Er war groß, kugelrund mit kleinen Stacheln, die ganz unschuldig aussahen. Das ganze Jahr stand er regungslos da, beleidigt, ohne mich anzulächeln. Auf einmal begann aus dieser Kugel voller Stacheln eine wunderbare schneeweiße Blüte herauszukommen. Ich war sprach-

Phil Bosmans in seinem geliebten Garten hinter dem Pfarrhaus.
«Wer mit einem Baum sprechen kann, braucht nicht zum Psychiater.
Nur meinen die meisten Menschen das Gegenteil.»

los, so etwas Schönes hatte ich noch nie gesehen. Ganz ähnlich haben auch die Menschen, die uns so abweisend und verletzend vorkommen, etwas Wunderbares in sich, das auch ihr Leben wertvoll macht. Aber es braucht oft sehr viel Geduld, man muss warten können, bis etwas von dieser guten Seite zum Vorschein kommt.

Die Natur ist eine große Lehrmeisterin, sie kann uns viel beibringen. Du hast sicher auch schon mal beobachtet: Manche Pflanzen breiten sich dadurch verheerend aus, dass sie andere, die schwächer sind, verdrängen, erdrücken und erwürgen. Dabei haben doch auch diese kleineren das Recht, zu leben und zu gedeihen. So darf es auch in der Gesellschaft nicht geschehen, dass die Größeren und Stärkeren den Kleineren und Schwächeren wegnehmen, was diese zum Leben brauchen. Die Natur bringt uns auch

Geduld bei. Menschen wollen am liebsten alles auf einmal, jetzt und sofort. In der Natur hat alles seine Zeit, alles Wachsen und Reifen geht langsam und doch unaufhaltsam.

Früher hatten Sie, Pater Bosmans, hier hinter dem Haus einen eigenen Kräutergarten, der jetzt nicht mehr existiert. Haben Ihnen die Heilkräuter auch selbst geholfen?

In der Natur ist nichts nutzlos, alles hat seinen Sinn. Ich hatte sechsunddreißig verschiedene Arten von Kräutern und Gewürzen. Viele Kranke könnte man mit Kräutern kurieren, man muss das nur wissen. Die Leute, die hier in einer Neubausiedlung wohnen, gehen mit ihren Beschwerden zum Arzt, und ganz in ihrer Nähe wachsen Kräuter, mit denen man manche dieser Beschwerden lindern kann. In meinem Garten wuchs viel Kamille, auch Salbei. Es gibt ein französisches Sprichwort: «Salbei im Garten, der Doktor kann warten.» Da wuchs zum Beispiel auch Löwenzahn, der gut ist für die Verdauung. Den und andere Kräuter habe ich frühmorgens im Garten gepflückt und zum Frühstück gegessen und dazu Wasser getrunken. Ich habe eine ganze Bibliothek mit Büchern über Heilkräuter. Auch Brennnesseln kann man essen, daraus lässt sich eine ausgezeichnete Suppe machen. Ich hätte damals gerne mehr in meinem Garten gemacht, aber ich hatte nicht die Zeit dazu.
Jetzt habe ich Zeit, aber nur die linke Seite ist beweglich. Wie soll ich mit nur einer Hand eine Schaufel bedienen? Zwei Jahre lang kamen Jugendliche und haben im Garten gearbeitet, aber das ging nicht auf Dauer, sie hatten zu viele andere Pflichten. Schließlich wollte der Orden das

Grundstück des Gartens als Baugelände verkaufen, aber ich habe zusammen mit den wenigen anderen Patres, die wir hier seit vielen Jahren wohnten, gesagt: «Das geht nicht. Das Gartengelände ist ein Lunge des Städtchens.» Wir haben dann die politische Gemeinde überzeugen können, dass sie das Gelände kauft und einen Spielplatz für Kinder einrichtet. So kam es dann auch.

Der Garten, die Gartenarbeit war für mich eine Art Oase. Hier konnte sich mein Kopf von allen Sorgen und Anstrengungen erholen. Diese Erfahrung fasste ich einmal in dem Spruch zusammen: «Hände gebrauchen macht den Kopf frei.» Das wussten die Mönche vor Jahrhunderten und arbeiteten bestimmte Stunden auf dem Feld. Der Mensch ist ein wunderbares Ganzes. Aber eine unnatürliche Lebensweise hat dieses Ganze zerrissen. Zu viele Menschen sind geistig erschöpft und seelisch krank.

Wenn der Mensch ein Teil der Natur ist, müsste er sie achten und schützen. Aber halten sich denn die Menschen der modernen Welt genügend daran?

Nein. Der Mensch will alles mit Technik verändern. Er fällt Bäume, holzt Wälder ab, um Bauten aus Stahl und Beton zu errichten und das Erdreich mit Asphaltstraßen zu ersticken. Die Menschen werden blind. Sie sehen nicht, dass zwischen allem, was lebt, eine enge, geheimnisvolle Wechselbeziehung besteht. Menschen, Tiere und Pflanzen atmen die gleiche Luft, leben unter demselben Himmel, wärmen sich mit den Strahlen derselben Sonne, nähren sich mit den Früchten derselben Mutter Erde. Alles ein ineinander verflochtenes Gewebe. Wer die Natur zerstört, zerstört auch den Menschen. Zerstörung der Natur ist Sünde.

Ist diese Sünde nicht durch den Fortschritt vorpro-
grammiert?

Ist es wirklich immer Fortschritt? Die Menschen verfügen heute über hoch entwickelte Kommunikationsmittel wie Mobilfunk oder Internet. Verstehen sie sich dadurch wirklich immer besser? Gibt es dadurch weniger einsame Menschen? Zerstörung fängt oft in dem Augenblick an, wenn man immer mehr haben will, obwohl weniger ausreichen würde, wenn man zu viel hat. In Belgien gibt es viel Schweinezucht, viel zu viel, mit den vielen Schweinen kamen Krankheiten. Man weiß auch nicht, wohin mit den vielen Exkrementen ... Das klingt etwas komisch, ist aber ein ernstes Problem.

Unser ganzes Land wird zugebaut. Von hier bis nach Amsterdam gibt es praktisch nur Städte. Die Dörfer sehen genauso aus wie Teile der Städte. Die Verbundenheit mit der Natur geht mehr und mehr verloren. Der Mensch sieht nicht mehr die Wunder der Natur. Ihn fasziniert viel mehr das Geld. Aus allem will er Geld machen, alles muss Gewinn bringen. Er denkt, wenn er Geld hat, könne er alles haben und über alles verfügen. Oft habe ich gesagt: Mensch, liebe die Natur, sei ihr Freund und nicht ihr Feind. Jeder Anschlag auf die Natur ist ein Anschlag auf dich selbst.

Sie haben mal geschrieben: In die ganze Natur ist Liebe
eingebaut. Wie ist das verstehen?

Hast du mal erlebt, wie eine Glucke ihre Küken verteidigt, oder gehört, wie eine Amsel ihre Kleinen warnt, oder in einem Tierfilm gesehen, wie eine Löwin für ihre Jungen kämpft? Hat dich der Anblick solcher Mutterliebe nie ergriffen?

Das ist doch eher Instinkt, nicht Liebe.

Aber woher haben Tiere diesen Instinkt? Wer hat ihnen das gegeben? Früher wuchsen hier zwei Bäume, zehn Meter voneinander entfernt. Ich habe mich immer gewundert, warum ein Apfelbaum Äpfel trägt und ein Birnbaum Birnen. Das ist doch ein richtiges Wunder. Du sagst, das sei normal, aber ich staune doch darüber. Zwei Bäume nebeneinander: sie standen mit ihren Füßen auf demselben Boden, hielten ihren Kopf in dieselbe Luft, dieselbe Sonne, denselben Regen. Und der Apfelbaum machte Äpfel, und der Birnbaum, zehn Meter weiter, machte Birnen. Woher weiß eine Zwiebel, dass es Frühling ist, Zeit, auszuschlagen? Wer lässt die winzigen Samenkörnchen keimen und große Pflanzen hervorbringen? Warum fragst du nicht «Wer» und «Warum»?

Und wie heißt Ihre Antwort?

Es ist der, der dir Äpfel und Birnen gratis gibt. Uneigennützig geben heißt lieben. Er, der alles so vorprogrammiert hat, er hat Liebe in die Natur eingebaut.

Sie sehen hier auf Erden schon das Paradies ...

Ja, am Morgen, wenn schönes Wetter ist ... In jedem Morgen liegt etwas Geheimnisvolles. So bin ich einmal im Frühling nach draußen in den Garten gegangen. Es war warm. Die Sonne schien. Ich hörte die Vögel singen. Ich

Öffne dich wie eine **Blume** in der Sonne.
Werde wie ein **Kind**: einfach, spontan, fröhlich.
Sei kein Fass, das von Problemen überläuft.
Du kannst doch auch **lachen**.

Aus der Neuausgabe von Phil Bosmans «Vergiss die Freude nicht» (2007)

fühlte um mich das Wunder der Natur. Ich sah die ersten Krokusse, und ich wusste: Gott streckt mir seine Hände entgegen. Ich dachte: Der Ort, auf dem du stehst, ist heilig. Das Paradies muss hier in der Nähe sein ... Soll man sich nicht darüber freuen? Das ist doch alles ganz umsonst, geschenkt. Muss man nicht dafür dankbar sein, haben wir nicht allen Grund, Gott – dem Vater oder der Mutter oder dem «Chef» oder wie du ihn nennen willst – danke zu sagen?

Achte einmal darauf, wie alles in der Natur den Weg zum Licht sucht. Die Blumen halten ihre Blüten der Sonne entgegen. Die Samenkörnchen wachsen aus dem Dunkel der Erde ins Helle. Alle Sträucher, alle Bäume strecken ihre Zweige ins Licht. Nur der Mensch hat sich vom Licht abgewendet ... Am Rande unseres Gartens stand ein kleiner Schuppen, um ihn herum viel Unkraut und Gestrüpp. Ich ging da einmal vorbei und entdeckte eine schöne Blüte auf einem kräftigen Stängel. Was war das für eine Blüte und wo kam der Pflanzenstängel her? Ich sah im Schuppen nach und fand in einer alten Kiste ein paar halb verfaulte Kartoffeln. Aus einer kam der Stängel heraus, er war die Bretterwand entlanggewachsen, immer dem Licht nach, bis er eine Lücke nach draußen in den Garten gefunden hatte. Entdeckungen, wenn man anfängt, die Natur zu beobachten ...

Die Natur kann aber auch rücksichtslos sein. Flutkatastrophen und Erdbeben töten Millionen von Menschen ...

Ja, woher kommen solche schrecklichen Katastrophen, das ist die Frage. Ich habe keine Patentantwort. Seit Hunderten von Jahren hat man sich das gefragt. Auch ich habe schon manchmal Gott gefragt: Warum tust du das den Menschen an? Aber ich unterstelle Gott nicht das Böse. Gott ist für diese Tragödien nicht verantwortlich. Vielleicht gibt es sie, um uns daran zu erinnern, dass das Leben kurz und zerbrechlich ist ... Auch die Erde und das Wasser sind vergänglich, so wie der Mensch. Gott aber ist größer als die Natur. Die Natur kann uns helfen, Gott zu erkennen, sie ist nicht Gott. Gottes Antwort auf solche Fragen ist Jesus am Kreuz.

Sollte der sogenannte Oasehof so etwas wie ein Stück konkrete Verwirklichung der Liebe sein, die in der Natur vorgegeben ist?
Ich glaube, dass man Menschen durch stärkere Naturverbundenheit heilen kann. 1983 fingen wir ein solches Projekt an. Wir kauften einen alten Bauernhof mit vierundzwanzig Hektar. Er war in einem erbärmlichen Zustand. Es verlangte von den Freunden, die diese Aufgabe übernahmen, übermenschliche Kraft, ihn mit Leben zu erfüllen. Es ging einerseits um gesunde Nahrung, heute würde man sagen um Bioprodukte, dann aber auch um gesunde Lebensweise, die Menschen mit Problemen hier neu lernen und praktizieren könnten. Der Oasehof sollte also nicht nur ein Biohof, sondern auch ein Therapiehof werden. Es war zwar ein zukunftweisendes, aber zugleich ein sehr schwieriges Experiment. Jetzt wollen meine Nachfolger etwas anderes daraus machen und dort Treffen und Konferenzen organisieren.

12 ÜBER DEN HUMOR

Sie sind heute etwas traurig Pater …

Nein, es ist alles in Ordnung.

Aber ich sehe doch, dass etwas nicht stimmt.

Ich bin etwas traurig wegen meinem Bruder und meiner Schwester. Mein Bruder hält sich gut, meine Schwester dachte wohl, dass sie wieder nach Hause kann, aber sie muss im Krankenhaus bleiben. Man wollte sie in ein Haus für geistig Behinderte stecken, sie ist aber doch geistig noch völlig intakt. Sie will in ein Pflegeheim, wo ihr Sohn als Koch arbeitet. Vielleicht klappt es, auf jeden Fall wäre das die beste Lösung. Ihre Kinder tun für sie, was sie können, sind aber nicht in der Lage, sie zu Hause zu behalten. Sie müssen zur Arbeit, und außerdem ist in der Wohnung zu wenig Platz. So ist das.
Weißt du, meine Schwester heißt genauso wie du: Kato – das kommt von Katharina –, wir sagen zu ihr auch To. Wir sind jetzt noch drei Geschwister, aber wir waren zu viert. Der jüngste Bruder ist schon gestorben. Der andere, der jetzt sehr krank ist, heißt Henri und hat sechs Kinder. Sie kümmern sich um ihn. Es wird ihm nicht schwerfallen, sich von dieser Welt zu verabschieden und zu gehen. Er hat immer gesagt: «Wir haben lange genug gelebt.»
Diese junge Mann auf dem Foto daneben, das ist mein Mitbruder, Ordenspriester wie ich, Jan Frans. Er hatte auch keine Angst vor dem Tod. Als er im Krankenhaus lag, ist es ihm gelungen, in die Unterlagen seiner Krankheits-

geschichte hineinzuschauen. Dort stand sein Todesurteil: Krebs, vielleicht noch fünf Jahre zu leben. Er hat mir viel geholfen, fuhr zusammen mit mir überallhin. Er konnte sich über jede Kleinigkeit freuen. Über den Tod sagte er: «Ich bin bereit, nur mein Körper will noch ein bisschen leben.» Wenn er in der Großstadt Antwerpen die vielen Menschen sah, die meisten in Eile und sehr beschäftigt, dann hat er leise gelacht: «Warum haben die es alle so eilig? Schau dir an, wie sie herumrennen, und einen Augenblick später liegen sie tot da. Viele Dinge kann ich einfach nicht ernst nehmen, für die andere sich kaputt machen.» Er sagte auch, dass das Haus, das wir hier auf der Erde bauen, eine Illusion ist, nur die Dinge, mit denen du sterben kannst, sind es wert, damit zu leben. Er ist sieben Jahre später gestorben.

Wir wollten doch über den Humor und über das Lachen reden … Vielleicht verschieben wir dieses Thema auf einen anderen Tag?

Nein, weil ich auch ein bisschen wie ein Clown bin … Man muss viel lachen, selbst dann, wenn man traurig ist. Gott hat uns das Leben gegeben, damit wir glücklich sind und lachen können. Viele Menschen können nicht mehr lachen, ihr ganzes Leben lang sind sie traurig. Manchmal sage ich dann: Wenn du ganz niedergeschlagen bist und nicht mehr leben magst, probiere mal, einen Clown nachzuahmen, der in seinem Herzen weint und trotzdem spielt er, mit einem Lachen auf den Lippen, einem Kind auf der Geige etwas vor, und so wird er von den Tränen seines Herzens befreit.

Im Laufe der Jahre hat sich eine große Versammlung von Clowns bei Phil Bosmans eingefunden, viele eindrucksvolle Bilder und Figuren, die ihm geschenkt wurden.

Warum lachen, wenn es einem überhaupt nicht danach zumute ist? Nur wegen der anderen?

Nicht nur, es hilft auch einem selbst. Lachen heißt Abstand zu sich selbst gewinnen, sich nicht zu ernst nehmen. Man lernt auch sich selber besser kennen. Zu viele Menschen haben eine zu hohe Meinung über sich und schauen deshalb auf die anderen von oben herab. Wenn man selber klein ist, dann sind die anderen größer und wichtiger. Jeder sollte ein bisschen ein Clown sein. Weil ein Clown immer für andere lebt, nie für sich selbst. Er steht nie im Mittelpunkt, er spielt nur während der Pause, denkt nicht an sich und hat nur ein Ziel: andere Menschen zum Lachen zu bringen. Sogar wenn er selber traurig ist, auch dann konzentriert er sich darauf, dass die anderen von Herzen lachen. Lachen befreit, Humor entspannt. Lachen und Humor befreien vom drückenden Ernst der Probleme, vom quälenden Sog der Sorgen, von Trübsal und Langeweile. Humor macht viele Dinge relativ. In deinem Herzen ist wieder mehr Platz für die Menschen um dich herum.

Man sollte über sich selbst lachen, aber doch nicht über andere?

Vor allem über sich selbst, über die eigenen Unzulänglichkeiten, aber auch über die Aufgeblasenheit der Leute, die sich zu wichtig nehmen. Ich würde gerne beten: Herr, gib mir Sinn für Humor. Lass mich über die komischen Sachen des Alltags lachen, lass mich über den Stumpfsinn mancher Dickhäuter lachen, die in unserer Welt herumtrampeln, die Frieden und Freude zertreten. Der Clown verteidigt immer die Kleinen und Hilflosen. Er lacht über die Großen. Er lacht vor allem über das, was grotesk ist, was aber die meisten Menschen gar nicht merken. Er macht es ihnen bewusst. Er zeigt ihnen, wie komisch oftmals ein Vorgang ist, den alle kennen, ein alltägliches Verhalten. Aber der Clown verletzt die Menschen nicht. Er unterhält sie, vielleicht erzieht er sie auch manchmal, indirekt. Der Clown ist kein Siegertyp, meistens verliert er im Zirkus, aber selbst wenn er verliert, bringt er noch die Leute zum Lachen. Ein Clown kann lachen, auch wenn er traurig ist. Vielleicht hat er zu Hause auch seine Probleme, doch wenn er zu den Menschen geht, dann bringt er sie zum Lachen.

Haben Sie, Pater Bosmans, Freunde unter den Clowns?

　　　　　　　　　　　　　　　Über den Humor

Ich war mit einem bekannten holländischen Kabarettisten, Ton Hermans, befreundet. Es reichte schon, dass er auf der Bühne erschien, und schon haben die Menschen gelacht. Ich kannte keinen anderen, der besser unterhalten konnte. Er war auch ein sehr gläubiger Mensch.

Braucht der Glaube Humor?

O ja. Das hilft sehr. Jemand, der keinen Sinn für Humor hat, hält leicht sich selbst für Gott. So jemand hat es schwer, Gott zu treffen. Ein trauriger Heiliger ist kein Heiliger. Gott gibt jedem Heiligen die Gabe des Humors, die er gebrauchen soll. Der Heilige sieht mehr und besser als andere, vor allem sieht er auch seine eigenen Fehler und Grenzen. Nie hält er sich für einen Heiligen, er steht immer im Schatten. Ich denke da nicht nur an die offiziellen Heiligen der Kirche, sondern an manche wunderbaren Menschen, die Licht und Güte und eben auch Humor ausstrahlen. Für mich war Ton Hermans so ein Heiliger. Er hat viele Gedichte gemacht, zwischen den Zeilen enthielten sie oft einen tiefen Sinn. Er war ein herzensguter Mensch, der über andere nie schlecht geredet hat. Er hat seine Familie, seine Frau, sehr geliebt. Sie starb einige Jahre vor ihm. Nach ihrem Tod war er lange Zeit nicht imstande, wieder auf der Bühne aufzutreten.

Hat Gott, ihrer Meinung nach, Sinn für Humor?

Davon bin ich überzeugt, obwohl ich es nicht sicher wissen kann. Aber als er den Menschen schuf, wird er dabei bestimmt ein wenig geschmunzelt haben ... Gott lässt vieles geschehen, was komisch ist und doch hintergründige

Tiefe hat. So wollen wir immer irgendwohin fliehen. Gott sieht das und kommt uns, ohne dass wir es gleich merken, in die Quere. Das geschieht in den seltsamsten Situationen, an den merkwürdigsten Orten.

Auch Jesus hatte Sinn für Humor, das ist im Evangelium manchmal zu spüren. Als Philippus (flämisch: Phil) zu ihm sagte: «Du redest ständig von deinem Vater, zeig ihn uns doch mal», antwortete Jesus: «Wer mich sieht, sieht den Vater.» Ich stelle mir vor, dass Jesus dies mit einem Lächeln sagte, weil Philippus bei seiner Frage an einen Vater im biologischen Sinne dachte. Außerdem hängen Liebe und Humor zusammen. Gott sagt: «Du sollst lieben.» Der Clown liebt am intensivsten auf seine humorvolle Weise. So denke ich, dass Gott alle Clowns sehr gerne hat.

Auf der einen Seite ein Clown, auf der anderen das Kreuz. Schließt sich das nicht aus?

Auf den ersten Blick sieht es völlig unvereinbar aus. Das Geheimnis des Clowns liegt in einer tiefen, unsagbaren Trauer. Der Clown weiß, was für ein unermessliches Leid es für viele ist zu leben. Er bringt es fertig, dass du ein wenig dein Kreuz vergessen kannst. Er gibt unglücklichen Menschen einen Vitaminstoß Lebensfreude. Er zaubert Kindern im Krankenhaus einen Sonnenstrahl Fröhlichkeit herbei. Manchmal bewirkt der Clown, dass die Menschen ihr Leid akzeptieren und sogar darüber lachen können. Er hilft, das eigene Leiden in richtigen Proportionen zu sehen und sich damit zu versöhnen. Er ist ein wunderbarer Therapeut. Die Last des eigenen Kreuzes wird leichter. Ist das nicht christlich?

Ein wenig sind auch Sie selbst, Pater Bosmans, ein Clown. Sind Sie das als Mensch oder auch als Priester?

Ein Priester sollte auch eine Art Clown sein. Er kann sich nicht aufs hohe Ross setzen, er sollte nicht an sich, sondern an die anderen denken, den eigenen Hochmut ablegen, für die Armen da sein und denen helfen, die in der Gesellschaft nichts bedeuten. Ich habe oft den Clown gemacht, um andere zum Lachen zu bringen. Als ich noch viel jünger war, herrschte im Kloster meistens eine ernste, strenge Atmosphäre. Manchmal konnte ich mich nicht beherrschen und habe einfach schallend gelacht. Es war für alle eine Art Entspannnungstherapie. Ich liebte es auch, meine Mitbrüder nachzumachen. Einer von ihnen sprach bestimmte Wörter immer falsch aus. Da habe ich ein Gebet geschrieben, in dem seine seltsam gesprochenen Ausdrücke vorkamen. Alle haben gelacht, ich und er auch. Es ging gut, weil wir es nicht zu ernst genommen haben. Als ich später im Bund ohne Namen Spruchtexte schrieb, versuchte ich auch immer wieder, humorvolle Wendungen zu finden. Zum Beispiel: «Viel zu viele Autos – außer meinem.» Alle wissen, dass es zu viele Autos gibt, und sind dagegen. Wenn ich aber zufüge «außer meinem», dann wird den Menschen bewusst, wie gern sie sich selbst beschwinden. Auch in meinen Predigten gab es manchmal etwas zum Lachen. Wenn die Menschen lachen, hören sie besser zu.

Mit Clown kann man aber auch Maskierung verbinden, also etwas anderes vortäuschen, die Wahrheit verschleiern, lügen …

Phil Bosmans liebt Clowns. Sie sind wahre Lebenskünstler.
Sie können Menschen zum Lachen bringen, selbst wenn sie traurig sind.
Manchmal spielt er auch selbst den Clown.

Der Clown malt sich eine Maske an und schlüpft in eine andere Rolle, aber nicht in seinem eigenen Interesse oder um etwas zu verbergen oder vorzutäuschen. Er macht das für andere, um sie zum Lachen zu bringen und ihnen dadurch zu helfen. Das ist etwas anderes als eine Maske überziehen, um so zu tun, als ob man etwas Besseres wäre, als man wirklich ist. Eine Maske im Karneval, zur Fasnacht, kann viel Spaß machen, aber wenn man vergisst, sie nach dem Faschingsvergnügen wieder auszuziehen, ist das nicht mehr so lustig. Wer aus seinem ganzen Leben eine Maskerade macht, zerstört das menschliche Zusammenleben, weil er für die anderen keine Achtung empfindet, auf die jeder Mensch ein Recht hat.

Sie haben hier in ihrem Büro eine ganze Sammlung von Clowns …

Die meisten habe ich geschenkt bekommen. Diesen traurigen, weinenden Clown hat ein Strafgefangener in Caracas/Venezuela gemalt. Es ist sein Selbstbildnis. Als ich das Bild bekommen habe, war es gerade fertig geworden und noch ein wenig feucht. In diesem tieftraurigen Gesicht sehe ich die Gesichter nicht nur der Gefangenen, die ich besucht habe, sondern die Gesichter aller Armen aus Südamerika. Sogar er, trotz seines Leids, bringt uns einen Hauch von Freude. Ich habe mich mit dem Künstler im Gefängnis unterhalten und ihm zu seinem Bild gratuliert.

Hier in meinem Zimmer haben sich im Laufe der Jahre viele Clowns versammelt. Diesen hier hat eine Ordensschwester aus Spanien, Maria Conception Sáenz de Cabezón, gemalt. Ihre Clownbilder wurden in Kolumbien auf Postkarten verkauft, zusammen mit meinen Spruchtexten, ohne dass bei mir oder meinem Verleger eine Lizenz dazu eingeholt wurde. Ich habe mich aber darüber gefreut, denn so wurden meine Texte verbreitet. Kürzlich bekam ich zu Ostern von einem kleinen Mädchen, das hier in Kontich wohnt, ein Osterei. Da war – nach einem Motiv der Ordensschwester – ein Clown aufgemalt, der auf eine Schnecke schaut, wie sie auf der Spitze seines Schuh spaziert.

Der Clown ist aber nicht mehr modern. Manchmal sieht man ihn im Circus, aber auch der Circus ist eher eine Seltenheit geworden.

Die modernen Medien haben zur Folge, dass die Menschen immer weniger ihr eigenes Leben leben. Ihre eigenen Empfindungen und Urteile werden ihnen mehr und mehr abgenommen. Ständig werden sie irgendwelchen Werbereizen

ausgesetzt, ständig wird ihnen irgendetwas Neues angepriesen, sollen sie etwas Neuem nachlaufen und auch über
etwas Neues, Lustiges lachen. Es besteht aber ein großer
Unterschied zwischen einem Lachen, hinter dem, offen
oder versteckt, Geld und Geschäft steht, und einem spon-
tanen Lachen. Das erste ist erzwungen. So machen Menschen ein lachendes Gesicht, um zu zeigen, dass sie glücklich sind, obwohl sie es im Grunde ihres Herzens nicht
sind. Ein spontanes Lachen steckt in dir und kommt von
selbst. Schau mal bei Gelegenheit Kindern zu, die über den
Clown lachen, und du wirst verstehen, wie viel Erwachsenen verloren geht, die nichts mehr von ihm halten.

13 ÜBER DIE BÜCHER

Wie sind Ihre Bücher entstanden?

Ein wenig gegen meinen Willen. Manchmal fragen Menschen auch heute noch: «Schreiben Sie noch Bücher, Pater Bosmans?» Dabei habe ich doch kein einziges Buch geschrieben, nur Texte, meistens kurze Texte. Schon als Student fing ich damit an, da schrieb ich für eine Wochenzeitung für Behinderte. Aber so richtig fing es erst 1961 an. Damals kam der Anrufbeantworter auf, ein Gerät, das zum Beispiel von Ärzten benutzt wurde zur Information, dass sie nicht im Dienst sind und man sich an einen anderen Arzt wenden solle. Dann habe ich gemerkt, dass es nicht wenige Leute gibt, die eine bestimmte Telefonnummer anrufen, um zum Beispiel ein Kochrezept oder ihr Horoskop für den Tag zu erfahren. Ich dachte, wenn sie deswegen telefonieren, dann machen sie es vielleicht auch, um eine bestimmte Botschaft für den Tag – ich nannte sie «Vitamine für das Herz» – zu bekommen. Der Generaldirektor der belgischen Telekommunikation wohnte hier in der Nähe, ich habe ihn ziemlich gut gekannt. Ich habe ihm meine Idee vorgetragen und bekam eine sehr gute, einprägsame Telefonnummer: 33 33 11. Es gab aber ein Problem: Woher wissen die Leute, dass man anrufen und auf diesem Wege Vitamine für das Herz bekommen kann? Da haben wir eine Anzeige in der Antwerpener Tageszeitung geschaltet, und schon am nächsten Tag stand das Telefon nicht mehr still. Die Idee schlug ein. Im ersten Jahr haben im Durchschnitt jeden Tag etwa sechshundert Menschen angerufen, um Vitamine für das Herz zu bekommen. Ein-

Phil Bosmans auf der Antwerpener Buchmesse. Er sucht die Begegnung mit seinen Lesern und Leserinnen. Und diese sind glücklich über ein Bosmans-Buch mit einer persönlichen Widmung.

mal hatte ich den Titel geändert, nicht «für das Herz», sondern «für Menschen». Das Wort hat im Flämischen («mensen») eine doppelte Bedeutung: «Menschen» und «Männer». Darauf fühlten sich alle Frauen beleidigt … Viele haben nach diesen Texten gefragt, da habe ich drei kleine Broschüren gemacht, unter anderem «Vitamine für

Über die Bücher

Eheleute», die wurden vom Bund ohne Namen herausgegeben und verkauften sich schnell.

Wie haben Sie diese «Vitamine» geschrieben?

Jede Woche, jeweils zum Freitag, habe ich einen neuen
Text gemacht. Oft wusste ich am Donnerstag noch nicht,
um welches Thema es gehen sollte. Ich bin aber so vielen
Menschen begegnet, war in so vielen Projekten engagiert,
in so viele schwierige Situationen verwickelt, dass es an
den Themen nicht fehlte. Am Donnerstagabend skizzierte
ich meine Gedanken und ging mit einem Kopf voller Ideen
schlafen. Als ich morgens aufwachte, waren die «Vitamine» schon fertig. Ich musste sie nur noch auf ein Blatt
Papier aufschreiben. Ich stand früh auf, etwa um fünf Uhr,
machte das Fenster auf, hörte den Vögeln zu, ging dann
wieder ins Bett und schrieb dann im Bett. Es kam auch vor,
dass ich mitten in der Nacht aufstand, um Gedanken zu
Papier zu bringen, die mir gerade eingefallen waren.

*Woher der Name «Vitamine»? Sollten diese Texte der
Gesundheit dienen, ohne Nebenwirkungen zu haben?*

Vitamine sind gesund, leicht aufzunehmen, und sie enthal-
ten keine schädlichen Zusätze. Es sind keine Wunderpillen.
Sie lösen nicht die Probleme, aber sie können vor Problemen schützen, wenn man sie rechtzeitig, früh genug
nimmt.

*Wie ist das erste Buch entstanden, das in einem bekannten
belgischen Buchverlag erschien?*

Eines Tages hat sich der Verlag Lannoo für meine Texte interessiert und mich gebeten, rund hundert auszuwählen und zusammenzustellen. Ich habe also den Ordner durchgesehen, in dem alle meine Texte abgeheftet waren, und fing an zu sortieren: Der ist gut, der ist nicht so gut. Ich sollte auch einen Titelvorschlag machen. Damals wurde ein Spruchtext von mir sehr populär: «Menslief, ik hou van je» (auf deutsch etwa: «Menschenskind, ich hab' dich gern»). Im Dialekt meiner limburgischen Heimat ist «menslief» («lieber Mensch») eine ganz geläufige Wendung, an deren wörtliche Bedeutung keiner mehr denkt. Darauf habe ich durch den Zusatz aufmerksam gemacht: «ik hou van je» («ich mag dich, ich hab' dich gern, ich liebe dich»).

Ich wollte, dass dieses Buch (deutsch unter dem Titel: «Vergiss die Freude nicht») ein langgestrecktes Format bekommt. Der Verlag war dagegen, weil ein Buch mit einem so ungewöhnlichen, untypischen Format nicht in die Regale passt, und das wäre schlecht für den Verkauf. Eben darum ginge es mir, erwiderte ich, es soll nicht in die Regale passen, weil dort schon genügend Bücher sterben. Der Verleger hat dann bei Buchhandlungen gefragt, aber nur jeweils eine in Belgien und in Holland wollte es bestellen. Da sagte ich dem Verlag, er müsse sich nicht engagieren, aber er solle für den Bund ohne Namen ein paar tausend Exemplare drucken, die wir bei den Mitgliedern und Freunden anbieten würden. Das Buch erschien im September, bereits Anfang Oktober hatten wir schon die ganze Auflage verkauft. Da hat der Verlag aber ganz schnell nachgedruckt … Wenig später bekam ich einen Anruf von einem Bekannten aus Holland, der ganz aufgeregt in den Hörer rief: «Sogar die Königin liest dein Buch.» Ich dachte, das sei so eine Redensart, um mir eine Freude zu machen, aber es stellte sich heraus, dass im holländischen Fernsehen tatsächlich die Königin mit dem Buch gezeigt wurde. Im letzten Jahr hat der Verlag Lannoo die sechzigste Auflage dieses Buches herausgebracht. Das ist ein einsamer Rekord in Flandern; ich verstehe selber nicht, wie das passieren konnte. Diese Auflage hat dann der Verlag so gemacht, wie er es am Anfang wollte, in einem normalen, klassischen Format …

Nach diesem Buch kamen die anderen Titel …

In der Regel ist es so, wenn ein Verleger dein Buch gut verkauft, dann fragt er gleich nach dem nächsten. Ich habe zwar viele Texte für den Bund ohne Namen gemacht, hatte aber keine Zeit, Bücher zu machen. Den Menschen in Not zu helfen war mir wichtiger. Inzwischen war mein erstes Buch auch auf Deutsch erschienen. Ein Lektor des Verlags Herder, Ulrich Schütz, hatte es übertragen. Auch dieser deutsche Verlag war sehr an weiteren Büchern interessiert. So kam Ulrich zu mir, hat meine zum Teil handschriftlichen Texte gelesen, Fotokopien gemacht, sie dann zu Hause übersetzt und redigiert. So sind viele von meinen Büchern zuerst in Deutschland und erst später in Belgien erschienen.

Welches Buch, von Ihren eigenen Titeln, schätzen Sie am meisten?

Sehr wichtig ist für mich das Buch «Liebe wirkt täglich Wunder», der flämische Originaltitel ist «In Liefde weer Mens worden» (wörtlich: «In Liebe wieder Mensch wer-

Phil Bosmans' Botschaft des Herzens wird in der ganzen Welt verstanden.
«Vergiss die Freude nicht» wurde in achtundzwanzig Sprachen übersetzt.
1993 erschien das Buch in Marathi, einer der indischen Hauptsprachen.
Foto von der Vorstellung des Buches in Mumbai (Bombay).

den»). In Brasilien haben Gruppen junger Leute dieses Buch in speziellen Kursen verwendet, die zur Gewaltvorbeugung dienten. In diesem Buch stehen meine engagiertesten gesellschaftskritischen Texte. Darin schreibe ich über das Böse, über die Gewalt und versuche zu zeigen, wie man Abhilfe schaffen, wie man aus diesem Teufelskreis herauskommen kann. Die Antwort auf diese Fragen ist die Liebe.

Wie ist die Serie «Sonnenstrahlen» entstanden? Diese Bände sind ja auch in Polen sehr verbreitet, die von der Freude, der Freundschaft, der Hoffnung, der Liebe handeln.

Über die Bücher

Hier überreicht Patrick Hanjoul, seit einigen Jahren der Hauptverantwortliche des belgischen Bundes ohne Namen, Mutter Teresa in Kalkutta die englische Ausgabe des millionenfach verbreiteten Bosmans-Buches «Vergiss die Freude nicht» (Aufnahme 1986).

Die Idee dazu hatte der Verlag Herder, der auch für die wunderschöne Gestaltung mit den Fotos sorgte. Die Texte hat wiederum Ulrich redigiert und zusammengestellt, ich hatte sie ihm, mehrere Ordner, eine ganze Kiste voll, zur Verfügung gestellt und beschäftige mich nicht mehr weiter damit. Ich bewundere ihn, weil er die Arbeit in Verborgenheit wie ein mittelalterlicher Mönch tut. Er hat auch die vielen älteren Texte der «Vitamine für das Herz» neu bearbeitet und in dem Band «Leben jeden Tag» herausgegeben. Auf jeder Seite ein besinnlicher Text für jeden Tag des Jahres, es wurde ein ziemlich dickes Buch. Bis heute bekomme ich Briefe von Menschen, die jeden Tag eine Seite lesen.
Bei der flämischen Ausgabe haben mehrere mitgearbeitet. Der Verlag Lannoo hat festgestellt, dass in den ursprüngli-

chen Texten doch manche Wörter und Wendungen vorkommen, die heute nicht mehr gebräuchlich sind. Ich habe
meinen jungen Freunden Mike, Isabel, Paula und Simon
gesagt: «Streicht alles heraus, was altmodisch klingt, was
ihr nicht versteht und was ihr selber nie so sagen würdet.»
Und das haben sie gemacht. Auch der Verlag hatte noch
Wünsche, aber ich konnte sie nicht mehr erfüllen, weil ich
zu schwach und müde geworden bin. Ich habe dem Verlag
freie Hand gegeben, aber im Zweifelsfall sollten sie in der
deutschen Ausgabe nachschauen, die meiner Meinung
nach sehr gut gemacht ist.

*Ich bin in einem literarischen Umfeld, in Krakau, groß
geworden. Da haben sich Schriftsteller oft über ihre Texte
unterhalten, sie den Bekannten vorgelesen und waren
dann mit deren Kritik einverstanden oder auch nicht.
Aber ich kann mich nicht erinnern, dass jemand anderen
erlaubt hätte, die eigenen Texte zu bearbeiten, zu ändern
oder zu kürzen ... Sind Sie, Pater Bosmans, nicht mit
Ihren Texten engstens und ganz persönlich verbunden?*

Nein, für mich sind sie ein Gemeinschaftsgut. Ein Dichter
oder ein Schriftsteller, was haben sie denn von sich selber?
Sie haben alles bekommen, sollten also auch alles abgeben
können. Ich bin nicht der Eigentümer meiner Texte. Meine
Nachfolger im Bund ohne Namen sind mit mir nicht einverstanden, weil sie an den Büchern verdienen wollen.

Halten Sie sich nicht für einen Dichter?

Nein. Ich bin weder ein Dichter noch ein Schriftsteller. Es
geht mir nicht um literarische Kunst als solche, aber es

freut mich, wenn bestimmte sprachliche Wendungen, Vergleiche oder Bilder den Menschen gefallen. Meine Texte haben eine dienende Funktion, auch wenn sie vielleicht einen gewissen Unterhaltungswert haben oder gute Empfindungen wecken. Sie sollen den Menschen Anregungen geben, wie sie besser leben können, und manchmal wollen sie auch aufwecken, wachrütteln.

Dann machen Sie sich auch nicht groß Gedanken darüber, dass manche Ihrer Bücher im Ausland ohne Ihr Wissen und ohne Ihre Zustimmung herausgebracht wurden …

So war es zum Beispiel in Slowenien. Eine meiner Nichten kannte eine Lehrerin aus Slowenien, die ein Buch von mir auf Slowenisch hatte. Ich behauptete, das sei unmöglich, weil es keine slowenische Übersetzung gäbe. Da hat meine Nichte um ein Gesamtverzeichnis des Verlages gebeten, der dieses Buch veröffentlicht hat, und dann stellte sich heraus, dass bereits fünf Bücher ohne meine Erlaubnis erschienen sind. Daraufhin schrieb ich dem Verlag, sie sollten mir wenigstens jeweils ein Belegexemplar senden. Sie antworteten, haben sich vielmals entschuldigt und versichert, wie leid es ihnen tut und was sie machen könnten, um diesen Fehler wieder gutzumachen. Ich antwortete nur, es sei nichts Schlimmes passiert. Auch in Indonesien sind zwei oder drei Bücher ohne meine Zustimmung erschienen.

Wie kam es zu den polnischen Ausgaben ihrer Bücher?

Von dem ersten polnischen Verleger, der mein Buch «Vergiss die Freude nicht» veröffentlichte, haben wir keinen Cent bekommen. Es wurde nicht einmal auf meine Briefe reagiert. Die Anfänge waren also nicht die besten. Ich habe hier einen sehr guten Freund, Jaak, ein Ordensmann; in Breslau gibt es vom gleichen Orden eine Niederlassung. Von dort rief mich ein Pater an, der von meinen Büchern begeistert ist und einige übersetzt hat. Dann sind viele meiner Bücher vom Verlag der Salesianer auf Polnisch veröffentlicht worden. Ich war sogar ein paar Tage bei ihnen in Warschau zu Besuch, und der Verlagsleiter, Pater Roman, hat auch mich hier besucht.

In wie viele Sprachen wurden Ihre Bücher übersetzt?

Ich denke, über zwanzig. Vor kurzem bekam ich eine weitere Ausgabe, die in Japan erschien. Es stellte sich heraus, dass es schon die fünfte Auflage ist. Das wundert mich sehr, dass die Texte auch in Japan verständlich sind und dort gern gelesen werden. Das bekräftigt nur meine Überzeugung, dass das menschliche Herz überall gleich ist. Auch die menschlichen Grundgefühle wie Trauer und Freude und Hoffnung sind gleich, sie kennen keine Grenzen, keine Nationen, keine Rassen. Wo ich auch hinkam, ich habe mich bemüht, die Mentalität der Menschen kennenzulernen. Ich habe nicht nur Gefängnisse besucht, auch die Familien. Ich erinnere mich an den Besuch bei einem Ehepaar in Venezuela, sie lebten in Scheidung. Sie haben ihre Gründe und Klagen vorgebracht, die gleichen wie bei uns.

Ihre Botschaft ist universal, weil auch das Evangelium universal ist …

Ja, obwohl auch Menschen meine Bücher lesen, die einen anderen Glauben haben. Vielleicht kommt es daher, dass ich in der einfachen Sprache der einfachen Leute schreibe. Nachdem mein Buch «Gott – nicht zu glauben» (deutsch jetzt unter dem Titel: «Gott – meine Oase») erschien, habe ich viele Briefe aus Holland und Norwegen bekommen, vor allem von reformierten und kalvinistischen Protestanten. Oft schrieben sie: «Endlich habe ich einen Gott gefunden, den ich lieben kann.» Man hatte ihnen Gott als strengen Richter vorgestellt. Auch aus Südkorea, wo Bücher von mir erschienen sind, schrieb mir der Verleger: «Das ist die Philosophie, die wir dringend brauchen, weil das herrschende Konsumdenken uns erstickt.»

Wo hat Ihre Botschaft am meisten Resonanz gefunden?

Ich glaube in Kroatien, dank Pavao Madžarević. Er hat vor einigen Jahren dort den «Bund ohne Namen» und ein «Haus des Herzens» gegründet. Er hat alle meine Bücher ins Kroatische übersetzt und dafür gesorgt, dass sie dort veröffentlicht wurden. Unermüdlich verbreitet er die Botschaft des Herzens, durch regelmäßige Radiosendungen, in der Kirchenzeitung, bei Wochenendtreffen für Interessierte. Für Pavao hat die «Kultur des Herzens» eine ganz besondere Bedeutung gewonnen, gerade durch die Erfahrungen im Krieg auf dem Balkan zwischen Serbien und Kroatien. In dieser Zeit war er Pfarrer einer Gemeinde jenseits der Grenze im serbischen Teil. Eines Abends drang einer bei ihm ein und sagte: «Ich soll dich umbringen.» Pavao versuchte, mit ihm ins Gespräch zu kommen, was auch gelang, und der verhinderte Mörder machte sich wieder davon. Wenig später erfuhr er, dass dieser Mann dann selbst umgebracht worden war.
Pavao hat nicht nur meine Bücher übersetzt, er hat auch CDs mit meinen Texten herausgebracht. Leider verstehe ich

davon nichts, ich kann kein Wort kroatisch. Ich habe mir aber vorgenommen, wenigstens ein paar Worte zu lernen, damit ich ihm in seiner Sprache antworten kann; das würde ich noch gerne machen. Vielleicht weißt du, wo man einen kleinen Sprachführer Kroatisch bekommen kann.

Jemand wie Sie, Pater Bosmans, von dessen Büchern Millionen Exemplare auf der ganzen Welt verkauft wurden, muss doch sehr reich sein. Was machen Sie mit dem Geld? Kaufen Sie sich eine Villa am Mittelmeer oder auf den Kanarischen Inseln?

Ach, du fragst wie alle Journalisten. Vor kurzem hat sich hier auch ein flämischer Mann von der Presse gewundert: «Pater Bosmans, Sie sitzen hier in diesem ärmlichen Bau aus den dreißiger Jahren des vorigen Jahrhunderts und könnten statt dessen eine Villa an der Côte d'Azur haben ...» Meine Antwort darauf: «Das interessiert mich nicht.» Und das Geld? Das gebe ich den Menschen, die nicht genug zum Leben haben.

Und ganz konkret, wem helfen Sie?

In Hasselt helfe ich einer Familie, die früher eine große Druckerei hatte, aber Insolvenz anmelden mussten. Ich habe sie viele Jahre unterstützt, weil der Vater der Familie auch noch gestorben ist. Ich helfe auch einer bedürftigen Familie in Mecheln. Morgen kommt ein Bankvertreter zu mir, damit ich Geld für Freunde auf Kuba überweisen kann. Dort wohnt Norma, die von meinen Büchern ganz begeistert ist; sie meint, das könnte die ganze Welt retten ... Es ist nicht einfach, Menschen in Kuba zu helfen, dort gibt es Verfolgung.

Mit der rechten Hand schreiben ist für Phil Bosmans seit seiner halbseitigen Lähmung unmöglich. Seine Zähigkeit ließ ihn neue Wege finden: auf dem Computer mit links.

Ein anderes Mal wollte ich dem Bischof in Havanna helfen und habe für ihn Geld an den Nuntius in Brüssel gegeben, weil die beiden befreundet sind. Ich weiß nicht, wie der Nuntius es weitergeleitet hat, aber es war bestimmt nicht einfach. Ich helfe auch «Eigentijdse Jeugd», das ist hier bei uns ein von Salesianern geleitetes Jugendwerk, das keine Subventionen sonst bekommt; an sie habe ich kürzlich zehntausend Euro überwiesen. «Damianhuis», ein Haus des betreuten Wohnens für ehemalige Strafgefangene, kann sich finanziell kaum über Wasser halten, das unterstütze ich also auch.

Schreiben Sie immer noch?

O ja, manchmal mit der linken Hand am PC. Früher machte ich alles handschriftlich. Jetzt schreibe ich wegen meiner

Behinderung am Computer. Zuletzt erschienen auf Flämisch kurze Erinnerungen über Menschen, die ich gekannt habe: «Kleine Menschen – große Menschen». Der Verleger hat mir das Manuskript fast aus der Hand ausgerissen, es war noch nicht ganz fertig. Ich dachte, sie wollten es erst mal näher kennenlernen, aber sie haben es gleich herausgebracht. Die Menschen, über die ich dort schreibe, sind in der Sicht der Gesellschaft nicht besonders bedeutend: Strafgefangene, Alkoholiker, Wohnungslose, Prostituierte. Aber in ihren Gesichtern habe ich am ehesten Gott gesehen, in den Gesichtern dieser verletzten Menschen. Es gibt dort auch eine Geschichte über einen Polen, Kalicie, der nach Belgien gekommen ist, nachdem der Kongo seine Unabhängigkeit erklärt hatte. In Afrika hatte er als Fotograf gearbeitet, dort aber alles verloren, und hier in Belgien konnte er keine Arbeit finden. Er war fremd, ohne Familie, ohne Angehörige, niemand hat auf ihn gewartet. Er fing dann an, in unseren betreuten Werkstätten zu arbeiten, und ist eines Tages verunglückt; betrunken wurde er von einem Auto überfahren. Scheinbar ein verlorenes Leben ... Ich glaube aber daran, dass jedes Leben einen Sinn hat und dass es auch für solche Menschen ein Paradies gibt.

Gibt es noch Texte von Ihnen, die nicht veröffentlicht sind?

Natürlich. Vielleicht werden sie später veröffentlicht, nach meinem Tod. Vielleicht ist da noch manches zu entdecken ... Es gibt aber nichts, was noch zu meinen Lebzeiten veröffentlicht werden sollte. Die Texte habe ich den Verlagen Lannoo und Herder überlassen. Sie entscheiden, ob und was man davon herausgeben kann.

Über die Bücher

14 ÜBER DIE NEUE WELT

Es gibt etwas in Ihren Texten, was mich ein wenig beunruhigt hat: der Glaube an eine «neue Welt». Weil ich erlebt habe, was kommunistischer Totalitarismus bedeutet, machen mich solche Verheißungen ziemlich skeptisch.

Die neue Welt, an die ich glaube, das ist die Welt voller Liebe, von der auch Jesus gesprochen hat. Das hat mit den Heilsverheißungen der Kommunisten oder anderer «Erlöser» nichts zu tun. Sie versprechen ein Paradies auf Erden und gebrauchen Gewalt. So kann man keine Probleme lösen. 1917 dachten die Sowjets, alle Unterdrückten zu befreien und glücklich zu machen, sie machten es aber durch Terrorismus. Gewalt bringt keinem Menschen Glück. 1968 wurde auch bei uns gedacht, dass man alles verändern und die alten staatlichen und gesellschaftlichen Strukturen beseitigen müsse. Strukturen hängen aber nicht in der Luft. Sie werden von Menschen errichtet, und Menschen kann man doch nicht einfach beseitigen. Jesus Christus wollte Menschen zusammenführen, damit die Welt glücklicher wird. Er kam mit einer Sendung der Liebe, Liebe aber schließt Gewalt und Zerstörung aus.

Verspricht uns Jesus diese «neue Welt» jetzt schon auf der Erde oder erst nach dem Tod?

Ich weiß es nicht sicher, ich habe aber die Hoffnung, dass etwas davon schon hier möglich ist. Ich bin fest davon überzeugt, dass wir hier auf Erden schon ein Stück Paradies, einen Vorgeschmack darauf schaffen können.

Mit illusionslosem Realismus und begeisterndem Optimismus hat
Phil Bosmans unermüdlich für eine neue Welt geworben: «In der Wüste
bist du nicht verloren, wenn du glauben kannst an die Oase.»

Was ist das, ein «Stück Paradies»?

Das ist einfach. Jeder trägt in seinem Herzen ein Stück
Himmel. Mit einem solchem «Stück Paradies» haben wir
zu tun, wenn ein Mensch einen anderen zum Licht führt,
wenn er ihm beisteht, wenn er nicht auf die Verheißungen
eines besseren und glücklicheren Leben hereinfällt, das
überall für viel Geld angepriesen wird. Das «Stück Paradies» fängt an, wenn du dich selber vergisst und etwas für
die anderen tust, wenn du dich nicht von Gefühlen des
Hasses überwältigen lässt. Du brauchst keinen Luxus und
hast Freude an den einfachen Dingen.

Über die neue Welt

Nur sind wir Menschen nicht oder nicht immer so gutartig. Wir haben unseren Ehrgeiz, unsere Begierden und Wünsche, die oft keineswegs edel sind. Wir sind auch nicht immer dafür verantwortlich. Die gegenwärtige Welt zwingt uns zum Konkurrenzkampf, zum Erfolgsstreben, zur materiellen Sicherung unseres Lebens. Dabei geschieht viel Böses.

Das stimmt. Solange das Böse nicht besiegt wird, wird es keine «neue Welt» geben. Ich glaube aber daran, dass hier auf der Erde ein Stück davon möglich ist. Das Böse ist wie ein Virus, das viel zerstört, aber es gibt auch viel Gutes, obwohl es zu sehen schwieriger ist. Die Liebe sollte immer im Zentrum stehen.

Sie meinen, auf das Gute im Kleinen achten, damit würde so etwas wie «Paradies» anfangen?

Es gibt Menschen, die sich an kleinen Dingen freuen können. Sie sind in der Regel nicht reich, aber zufrieden. Ich habe einmal formuliert: «Sag auch mal: Ich hab' genug.» Das sehe ich immer noch so. Weil viele Menschen nie genug bekommen können, fehlt ihnen immer etwas. So müssen sie immer kaufen, um immer mehr zu haben. Das ist eine Quelle von innerer Unruhe und äußeren Forderungen. Auf diesem Weg wird man niemals glücklich.

Genügen solche kleinen Dinge, um die Welt im Ganzen zu verändern? Für einzelne Menschen mag das gelten, aber auch für alle, für eine «neue Welt», von der Sie sprechen? Ist das nicht eine allzu naive Utopie?

Wie es in der Welt heute aussieht, hat Phil Bosmans unmittelbar auf Reisen gesehen, zum Beispiel nach New York, wo er eine Vollversammlung der Vereinten Nationen erlebte, und wiederholt nach Südamerika. Hier in der ehemals niederländischen Kolonie Surinam.

Die meisten Menschen wollen die Welt verändern, nur nicht sich selbst. Die anderen müssen sich verändern. Die da oben, sagen die unten; die da unten, sagen die oben. Die Rechten, sagen die Linken; die Linken, sagen die Rechten. Und dann wird gedroht und Druck gemacht. Aber mit Gewalt lassen sich Menschen nicht verändern, das geht nur mit Überzeugung, Einsicht, Freundschaft, Liebe. Wenn Menschen sich nicht selbst ändern, ändert sich nichts.

Über die neue Welt

Wer also die Welt verbessern möchte, sollte bei sich selbst anfangen und dann Liebe auf die anderen ausstrahlen. Solche Menschen entdecken bald, dass sie doch nicht allein sind, dass andere ähnlich denken wie sie und sich ähnlich für Notleidende einsetzen. Ich habe oft kritisiert, dass bei uns zu viel innere, geistige Leere und Herzenshärte herrscht. Aber es gibt doch auch bei uns manche Gruppen, in denen Liebe lebt und weitergegeben wird. Angesichts der vielen Not in der Welt sicherlich viel zu wenig, aber immerhin ein Anfang.

Unsere Welt gleicht weithin einer Wüste, verwüstet durch Menschen mit ihrer Gier und Gewalt. Eine Wüste kann

Liloba
lya
Nzambe

1983 ist Phil Bosmans in Zaire (heute Demokratische Republik Kongo).
Bei Mitbrüdern seines Ordens hält er religiöse Vorträge und feiert
zusammen mit Afrikanern Gottesdienst.

man nicht von heute auf morgen verändern. Aber man
kann anfangen mit einer kleinen Oase. In einer Wüste bist
du nicht verloren, wenn du glauben kannst an die Oase.
Solch eine Oase, das ist die «neue Welt» im Kleinformat.

Über die neue Welt

Alle Menschen träumen vom Paradies. Sie auch, Pater Bosmans?

Es ist mehr als ein Traum, der beim Aufwachen verschwindet. Es liegt ein Stückchen Paradies in jedem Herzen, das für einen Unglücklichen zum rettenden Hafen wird. Es liegt ein Stückchen Paradies in jeder Oase, wo Liebe blüht und Menschen Mensch geworden sind, füreinander Brüder und Schwestern. Gott hat seine Liebe in unsere Hände gelegt wie einen Schlüssel zum Paradies.

Mensch, ich hab dich gern

Ein seltsames Wort: Mensch, ich hab dich gern.
Glauben wir das, freuen wir uns darüber?
Oder halten wir das für eine Illusion, eine Utopie?

Ich glaube an einen neuen Weltfrühling.
Dann werden die Menschen ihre Waffen weglegen
und zum sichtbaren oder unsichtbaren Feind rufen:
«Mensch, ich hab dich gern.
Ich kann dich doch nicht umbringen.
Ich kann dir doch nichts Böses tun.»

Ich glaube an ein Meer ungeahnter Möglichkeiten.
Dann werden die Reichen sich ihres Reichtums
schämen, Besitz und Macht niederlegen,
zu den Armen gehen und sagen:
«Mensch, ich hab dich gern.
Vergib mir! Ich nahm zu viel für mich.
Ich will mich zu dir an deinen Tisch setzen,
mit dem gemeinsamen Brot darauf
und mit Blumen des Friedens in der Sonne.»

Ich glaube an das Wunder, dass wir
in jedem Haus, in jeder Straße,
in jeder Stadt einander sagen:
«Mensch, ich hab dich gern.
Ich will alle bitteren Worte
aus meinem Mund weglegen
und mein Herz mit Güte füllen
und meine Hände mit Freundschaft.»

Phil. Bos —

DAS LEBEN VON PHIL BOSMANS IN DATEN UND STICHWORTEN

1922 Phil Bosmans wird am 1. Juli 1922 in Gruitrode (Provinz Limburg, Belgien) geboren.

1934 Als Internatsschüler auf das humanistische Gymnasium der Monfortaner in Rotselaar bei Leuven.

1938 Umzug der Familie nach Genk, wo seine Brüder im Kohlenbergbau arbeiten.

1940 Beginn des Zweiten Weltkriegs in Belgien am 10. Mai. Er flieht mit seinem Bruder Hendrik nach Frankreich. Nach sechs Monaten Rückkehr, wieder in der Schule und Schulabschluss.

1941 Eintritt in die Ordenskongregation der Montfortaner und das übliche Noviziat, das mit den ersten Gelübden abschließt. Danach Studium der Philosophie und Theologie.

1945 Fortsetzung des Theologiestudiums in Oirschot in den Niederlanden.

1948 Priesterweihe in Oirschot am 7. März. Danach pastorales Praktikum in Nordfrankreich. In Paris Kontakte zu den Arbeiterpriestern.

1950 Wieder in der flämischen Heimat. Einsatz bei Volksmissionen und bei der sogenannten Marienfahrt durch die Pfarreien der Provinz Limburg.

1954 Im Sommer erleidet er einen gesundheitlichen Zusammenbruch, wird im Pfarrhaus von Horpmaal von Pastor Martin Aerts und seiner Haushälterin Leontine Franck aufgenommen; zwei Jahre lang bettlägerig, danach ein Jahr Rekonvaleszenz.

1957 Angebot, den niederländischen Bond Zonder Naam (Bund ohne Namen) auch in Belgien von Antwerpen aus aufzubauen.

1958 Im Februar beginnt er mit Fünf-Minuten-Ansprachen im Rundfunk, dann veröffentlicht er seit diesem Jahr eigene Spruchtexte auf sogenannten «Hebelkarten».

1959 Am 20. August rechtskräftige Gründung des «Bond Zonder Naam Flandern» als eingetragener, gemeinnütziger Verein. Im September Einrichtung der Arbeitsstätte «Werkhuis M.I.N. – Menschen in Not», die erste Sozialwerkstätte in Belgien für ehemalige Gefangene und Männer ohne Arbeitslosenunterstützung. Beginn einer Weihnachtskerzenaktion, ihr Erlös wird für Weihnachtspäckchen für Strafgefangene verwendet.

1961 Ab März ein telefonischer Ansagedienst «Vitamine für das Herz».

1962 Beginn der Veröffentlichung einer vierteljährlichen Informationsschrift «K 13» über die Arbeit vom Bund ohne Namen. Beginn einer umfangreichen Vortragstätigkeit in Schulen, Vereinen, verschiedenen Organisationen. Auch durch Eingaben an Politiker und Broschüren zu aktuellen sozialen Problemen Schärfung des Bewusstseins für die Not von Mitmenschen.

1966 Eröffnung des ersten Frauenhauses in Antwerpen.

1967 Begegnung in New York mit Pierre Konings, Direktor bei der Niederländischen Luftfahrtgesellschaft, er ermöglicht ihm viele Auslandsreisen, vor allem nach Südamerika. Im gleichen Jahr Einrichtung des «Reparaturdienst MIN», ein Gratisdienst für alte, kranke und behinderte Menschen.

1968 Am 18. Dezember 1968 wird Phil Bosmans in den Ehrensenat der «Vereinigten Staaten von Europa» aufgenommen.

1972 Es erscheint das Buch «Menslief, ik hou van je» (Menschenskind, ich hab dich gern). 1976 erscheint die deutsche Ausgabe unter dem Titel «Vergiss die Freude nicht». Es wurde ein Bestseller, in 28 Sprachen übersetzt.

1973 Eröffnung des «Hotel MIN» für ehemalige Strafgefangene.

1974 Die (illegale) Einrichtung des ersten festen Standplatzes für Roma in der Nähe von Antwerpen. Im gleichen Jahr Eröffnung eines großen Hauses für Migrantenfamilien in Brüssel.

1975 Beginn des «Movimiento sin Nombre» (Bund ohne Namen) in Spanien und Südamerika mit Zentrum in Carácas/Venezuela. – In den folgenden Jahren erscheinen weitere Bücher, zum Beispiel «Blumen des Glücks musst du selbst pflanzen», eine Sammlung seiner Spruchtexte, und «Liebe wirkt täglich Wunder», die umfassendste Darstellung seiner Botschaft des Herzens.

1983 Kauf eines alten Bauernhofes in der Nähe von Brügge mit dem Ziel, daraus eine Art therapeutischen Bio-Hof zu entwickeln. Im gleichen Jahr Protestaktionen des Bund ohne Namen gegen den Rüstungswettlauf und gegen alle atomaren Waffen in Ost und West.

1984 Fünfundzwanzigjähriges Bestehen des Bund ohne Namen in Belgien. Die belgische Post bringt eine Sonderbriefmarke heraus.

1988 Gründung eines deutschen Bund ohne Namen in Frankfurt am Main. Im gleichen Jahr erscheint das sehr persönliche Buch über seinen Glauben und über «Gott, meine Oase»: «God, niet te geloven» (Gott, nicht zu glauben). Auszüge aus diesem Buch werden von Godfried Kardinal Danneels gesprochen und als CD veröffentlicht.

1990 Im Januar wird in Antwerpen «De Stobbe» (Der Wurzel-
stock) eröffnet, die letzte der großen sozialen Initiativen von
Phil Bosmans. Das ehemalige Klostergebäude wird zu einem
Auffangzentrum für Frauen mit mehreren Kindern umge-
baut. Im gleichen Jahr mehrere Vorträge zur Fastenzeit in
deutscher Sprache bei Radio Vatikan.

1991 Er erhält (bereits zum zweiten Mal) den «Visser Neer-
landia-Preis», das Preisgeld gibt er an «Ärzte ohne Grenzen». Im Juli überträgt er alle seine Verantwortlichkeiten im
belgischen Bund ohne Namen an jüngere Mitarbeiter.

1993 Schwere Erkrankung (Gehirntumor) von Leontine
Franck, die Phil Bosmans drei Jahre lang während seiner
Krankheit in Horpmaal gepflegt hatte. Er sorgt persönlich
für sie, bis zu ihrem Tod am 31. August. Am 18. Dezember
erleidet er einen Autounfall, vermutlich bereits infolge eines
leichteren Schlaganfalls.

1994 In der Nacht des 10. Februar schwerer Schlaganfall, er
kann nicht mehr sprechen und sich kaum noch bewegen.
Drei Monate ist er in der Antwerpener Universitätsklinik,
zurück bleibt eine halbseitige Lähmung. Im gleichen Jahr
erscheint das Buch für Verliebte und Verheiratete, dessen
Manuskript er noch im Vorjahr erarbeitet hatte: «In de
zevende hemel» (wörtlich: «Im siebten Himmel», deutscher
Titel: «Zum Glück zu zweit»).

1997 In Kassel veranstaltet der deutsche Bund ohne Namen
eine Feier für Phil Bosmans anlässlich seines 75. Geburtstags. Trotz seiner Behinderung kann er auch in den folgenden Jahren meistens an den jährlichen Begegnungstreffen
der deutsche Freunde und Freundinnen vom Bund teilneh-
men. Allen Teilnehmern bleibt besonders das Fest zu seinem
80. Geburtstag auf der westfälischen Wasserburg Gemen
unvergesslich.

1998 Am 7. März Feier seines Goldenen Priesterjubiläums. Im gleichen Jahr wird am 30. August ein großes Fest von der katholischen flämischen Jugendbewegung veranstaltet, mit der er seit vielen Jahren freundschaftlich verbunden ist. Das Fest wird vom Fernsehen in den Niederlanden und in Belgien übertragen. Es erscheinen die ersten Bände einer achtteiligen Geschenkbuchreihe mit Texten von ihm: «Sonnenstrahlen». Am 14. September wird er von König Albert II. in Privataudienz empfangen.

2000 Gründung des Bundes ohne Namen in Kroatien durch Pavao Madžarević, mit dem ihn eine tiefe Freundschaft verbindet. Der katholische Seelsorger, der alle Bosmans-Bücher ins Kroatische übersetzt hat, ist auch durch seine umfangreiche Mitarbeit in den Medien von großem spirituellen Einfluss.

Lebenslauf

DIE BÜCHER VON PHIL BOSMANS IN DEUTSCHER SPRACHE

Alle Bücher wurden von Ulrich Schütz ins Deutsche übertragen und erscheinen im Verlag Herder, Freiburg im Breisgau.

Vergiss die Freude nicht (1976, Neuausgaben 2001 und 2007)
Blumen des Glücks musst du selbst pflanzen
(1978, Neuausgabe 2001)
Liebe wirkt täglich Wunder (1980, Neuausgabe 2002)
Ja zum Leben (1983, Neuausgabe 2002)
Ich hab' dich gern (1985, Neuausgabe 2003)
Worte zum Menschsein (1986, Neuausgaben 1999 und 2007)
Gott nicht zu glauben (1987, Neuausgabe 2006 unter dem Titel
«Gott meine Oase»)
In dir liegt das Glück (1990, Neuausgabe 2004)
Nimm dir Zeit zum Glücklichsein (1991)
Zum Glück zu zweit (1994) (Fotos von H. Steigert)
Applaus für das Leben (1995) (Fotos von W. Richner)
Sonnenstrahlen der Freude (1996) (Fotos von F. Werner)
Sonnenstrahlen des Glücks (1996) (Fotos von F. Werner)
Sonnenstrahlen der Hoffnung (1996) (Fotos von W. Richner)
Sonnenstrahlen des Herzens (1996) (Fotos von F. Werner)
Sonnenstrahlen der Liebe (1997) (Fotos von F. Werner)
Sonnenstrahlen der Freundschaft (1997) (Fotos von F. Werner)
Mit allen guten Wünschen (1998, Neuausgabe 2004)
Sonne für das Leben (1999) (Fotos von F. Werner)
Leben jeden Tag. Ein Jahresbegleiter (1999)
Weihnachten mit Phil Bosmans. Texte für alle Tage der Advents-
und Weihnachtszeit (1999) (Fotos von R. Höpker)
Ostern mit Phil Bosmans. Ein Begleiter durch die Fasten- und
Osterzeit (2003)
Zusammen mit Ulrich Schütz: Jedes Herz braucht ein Zuhause
(2006) (Fotos von R. Höpker).

Phil Bosmans im Verlag Herder

Vergiss die Freude nicht
Neuausgabe 2007
Durchgehend farbig,
mit zahlreichen Abbildungen von
Roland Höpker
ISBN 978-3-451-29620-8

Phil Bosmans weltweit erfolgreichs-
tes Buch: Immer strahlen seine
Worte auf unnachahmliche Weise
etwas von seiner menschlichen
Wärme und seinem humorvollen
Vertrauen in das Leben aus. Texte, die dazu einladen, die
kleinen Zeichen der Hoffnung und Freude auch im Alltag
wieder wahrzunehmen – ein «Kultbuch» der unauffälli-
gen, besonderen Art.

Auch als Hörbuch bei HERDER AUDIO
erschienen
ISBN 978-3-7831-3026-3

In dir liegt das Glück
ISBN 978-3-451-28230-0

Ich hab dich gern
ISBN 978-3-451-28229-4

HERDER

Jedes Herz braucht ein Zuhause

Zusammen mit Ulrich Schütz
Durchgehend farbig, mit über 50
Abbildungen von Roland Höpker
ISBN 978-3-451-28680-3

«Jedes Herz braucht ein Zuhause»
enthält neue Texte von Phil Bos-
mans und Texte aus der Feder sei-
nes deutschen Herausgebers und
Übersetzers, Ulrich Schütz, aus der
Korrespondenz des deutschen
«Bundes ohne Namen». Bisher nicht in Buchform veröf-
fentlichte Texte mit dem unnachahmlichen «Bosmans-
Ton» führen durch die Zeiten des Jahres, die zugleich
Zeiten des Lebens, Zeiten der Seele sind.

Worte zum Menschsein

Neuausgabe 2007
ISBN 978-3-451-29713-7

Mit allen guten Wünschen

Grußbotschaften für jeden Anlass
ISBN 978-3-451-28329-1

Gott – meine Oase

Vom Grund aller Lebensfreude
ISBN 978-3-451-29052-7

HERDER

Originalausgabe:
Phil Bosmans
Rozmowy do-prawdy
rozmawia Katarzyna Szymańska-Borginon
© Copyright by BOSZ 2004, Olszanica 2004

Aus dem Polnischen von Aleksandra Boguth
Redaktion der deutschsprachigen Ausgabe durch
Ulrich Schütz

Alle Rechte der deutschsprachigen Ausgabe vorbehalten
© Verlag Herder Freiburg im Breisgau 2007
www.herder.de

Umschlagfoto vorn: © Paul Verstreken
Umschlagfotos hinten: © Paul Verstreken (rechts, links);
Privatarchiv Bosmans (Mitte)
Fotos Innenteil:
Zvonimir Atletic: 9; 11 (re); 45; 46; 77; 82 (re); 88; 98; 102; 142; 157; 167
Roland Höpker: 124; 132
Paul Verstreken: 7
Privatarchiv Bosmans: alle übrigen
Alle Rechte vorbehalten

Innengestaltung:
Weiß-Freiburg GmbH, Graphik & Buchgestaltung

Druck und Bindung:
fgb · freiburger graphische betriebe
www.fgb.de

Gedruckt auf umweltfreundlichem,
chlorfrei gebleichtem, säurefreiem Papier
Printed in Germany
ISBN 978-3-451-29030-5